Para

com votos de paz.

DIVALDO FRANCO
Pelo Espírito
Joanna de Ângelis

TESOUROS LIBERTADORES

Salvador
1. ed. – 2016

©(2014) Centro Espírita Caminho da Redenção – Salvador (BA).
1. ed. (2ª reimpressão) – 2016
5.000 exemplares (milheiros: do 11º ao 15º)

Revisão: Iana Vaz
       Prof. Luciano de Castilho Urpia
Editoração eletrônica: Lívia Maria Costa Sousa
Capa: Eduardo Correia Lopez
Coordenação editorial: Prof. Luciano de Castilho Urpia
Produção gráfica:
       LIVRARIA ESPÍRITA ALVORADA EDITORA
       Telefone: (71) 3409-8312/13 – Salvador – BA
       Homepage: www.mansaodocaminho.com.br
       E-mail: leal@mansaodocaminho.com.br

       Dados Internacionais de Catalogação na Publicação (CIP)
       (Catalogação na fonte)
       Biblioteca Joanna de Ângelis

F825	FRANCO, Divaldo Pereira. *Tesouros libertadores*. 1. ed. / Pelo Espírito Joanna de Ângelis [psicografado por] Divaldo Pereira Franco. Salvador: LEAL, 2016. 176 p. ISBN: 978-85-8266-097-3 1. Espiritismo 2. Psicografia 3. Reflexões morais I. Franco, Divaldo II. Título CDD: 133.93

DIREITOS RESERVADOS: todos os direitos de reprodução, cópia, comunicação ao público e exploração econômica desta obra estão reservados, única e exclusivamente, para Centro Espírita Caminho da Redenção. Proibida a sua reprodução parcial ou total, por qualquer meio, sem expressa autorização, nos termos da Lei 9.610/98.

Impresso no Brasil
Presita en Brazilo

SUMÁRIO

Tesouros Libertadores	7
1 Renovadas esperanças	13
2 Ante a espada e a cruz	19
3 Canção da imortalidade	25
4 A bênção da esperança	29
5 O Reino de Deus	33
6 Lições libertadoras	39
7 Justiça e amor	45
8 As más inclinações	49
9 Harmonia na dor	55
10 Desconsertos emocionais	61
11 Tempestades da alma	67
12 Comportamentos perversos	73
13 A bênção do sofrimento	79

14 O pensamento	85
15 Fidelidade	89
16 Esperança de paz	95
17 Coragem	99
18 A conspiração do silêncio	105
19 Sem pressa	111
20 A força do amor	115
21 Jovialidade	121
22 Experiências	125
23 Inimigo morboso	131
24 Solidariedade fraternal	135
25 A dádiva do silêncio	139
26 Escolhas	145
27 Escolhos na tarefa do bem	151
28 Enquanto é possível	157
29 Brilhe a tua luz	163
30 O fenômeno da morte	169

TESOUROS LIBERTADORES

Sempre quando ocorre o pensamento em torno dos tesouros terrestres, a imaginação desborda e passa a relacionar os valores que promovem os indivíduos à situação invejável da posse, da ostentação, da grandeza material.

Gemas preciosas e metais raros, títulos de vária ordem e posições relevantes, que permitem a bajulação e o destaque, quadros de artistas brilhantes e veículos especiais, fora de linha, propriedades fabulosas, residências, iates, aviões e muitos outros valores passam a ter-lhes significado.

Nada obstante, à medida que o tempo passa, enquanto se avolumam os compromissos de negócios, recreações e jogos para novas conquistas, invariavelmente, o tédio ou o estresse dominam os possuidores, que se fazem possuídos por tudo quanto julgam ter, e dão-se conta de que se encontram aprisionados na gaiola dourada da ilusão.

Raramente descobrem-se amados, embora a multidão daqueles que os aplaudem, mais interessados na projeção do próprio *ego* por estarem ao seu lado, do que por qualquer outro sentimento de afeição e respeito.

Concomitantemente, experienciam necessidades profundas no âmago do ser, que as quinquilharias valiosas não conseguem atender, e descobrem-se num grande vazio existencial, de que procuram fugir mediante comportamentos desregrados, embora às escondidas até o momento do escândalo, a fuga pela drogadição, pelos devaneios do sexo ultrajante, pelas extravagâncias que chamam atenção e promovem na mídia, sem lograrem acalmar as ansiedades do sentimento nem as inquietações mentais.

Invejados por grande número de pessoas atormentadas, sofrem sorrateiras competições e experimentam os dardos venenosos da inveja que predomina em a sociedade contemporânea, bem vestidos e preocupados sempre com a aparência, recurso com que disfarçam as tristezas, sem que os tormentos interiores encontrem solução.

A gaiola dourada onde se acolhem não deixa de ser uma prisão atormentante que lhes impede a movimentação, a liberdade, a harmonia doméstica.

Cercados de guarda-costas, de funcionários especializados, não fruem o prazer da convivência familiar, porque se encontram sempre sob os holofotes da observação de todos, sem intimidade doméstica e, muito menos, consigo próprios.

Essa complicada situação chama-se felicidade terrena, misturada com as bebidas finas e anestesiantes, responsáveis por futuras enfermidades irreversíveis, a que se empresta muito significado nos relacionamentos no mundo.

O interesse que muitos demonstram em participar do seu círculo de amizade tem como polo de atração usufruir das facilidades e das migalhas que excedem na mesa do seu temporário poder.

Quando adoecem e envelhecem são atendidos pelos melhores facultativos que encontram, e, apesar disso, nem sempre têm solucionados os problemas que os aturdem, os

Tesouros libertadores

transtornos em que se crucificam, cercados de muitos auxiliares e em tremenda solidão.

Raramente acreditam com certeza na imortalidade da alma, veem passar os anos turbulentos e as oportunidades brilhantes, avizinhar-se a morte sem esperança de perpetuidade na glória que desfrutaram e mais angustiados passam os últimos momentos existenciais dominados pelo medo da fatalidade orgânica – a desencarnação.

Aguardando-os, no entanto, além do pórtico da matéria está a vida exuberante que não souberam construir, a fim de fruí-la nessa nova etapa.

São afortunados de coisas nenhumas, mordomos que se supuseram donos e perderam-se na névoa da ilusão.

Não são esses recursos execráveis, mas sim o uso que deles se faz e a ilusão que proporcionam que merecem exame acurado.

É claro que existem exceções representadas em verdadeiros missionários do Bem, que multiplicam esses tesouros terrestres em bênçãos de progresso, de educação, de erradicação da miséria

★

Esses tesouros ocupam espaço, sobrecarregam e ficam no mundo sob a direção de outras mentes também ávidas de poder.

Há outros tesouros que se constituem da cultura, do amor, dos sentimentos bem-conduzidos, com ou sem os recursos da posse temporal, que não ocupam espaço e sempre acompanham os seus possuidores durante o trajeto carnal e após o decesso tumular.

Invariavelmente, cuida-se de acumular recursos que proporcionam os prazeres sensoriais, olvidando-se aqueles transcendentes que preenchem os vazios da alma, as ansiedades do coração e os tormentos mentais.

Nesse sentido, Jesus veio enriquecer a Humanidade com as pérolas raras do *sermão da montanha*, que deveriam ser as mais ambicionadas para a completude na existência corporal.

As Suas parábolas são gemas preciosas de luz inapagável, que iluminam interiormente e tornam-se estrelas sublimes na escuridão do percurso carnal.

Os Seus feitos são poderosos recursos que estão ao alcance de todos aqueles que tenham a coragem de segui-lO, insculpindo as Suas lições no cerne do ser.

Toda a Sua jornada foi uma incomum distribuição de alegrias e de esperanças, em demonstrações de que o sentido real da vida é amar, desde que sem o amor não existe vida.

O mais poderoso tesouro que se conhece é o amor por libertar o Espírito da ignorância e do primarismo, que possui a força de mover o mundo, por conseguir transformar os *metais grosseiros* de que se constitui, em decorrência do processo evolutivo, em maleáveis sentimentos de abnegação e de sacrifício.

Os tesouros libertadores estão diante de todos, aguardando ser aplicados nos relacionamentos, utilizados na autotransformação, e se apresentam em incontáveis maneiras de os viver e possuir.

O livro que hoje apresentamos ao nosso caro leitor é referto desses tesouros morais e espirituais, com possibilidades de facultar enriquecimento interior a todos aqueles que o lerem e se resolverem por vivenciar as lições que encerra.

Tesouros libertadores

Embora não traga novidades, dessas que agradam a imaginação das crianças feridas e que preferem, na idade adulta, continuar com lamentações na busca de compaixão, quando necessitam de amar, a fim de serem amadas, veste com roupagens novas as fortunas que permanecem no Evangelho à espera de serem utilizadas com sabedoria, para a conquista do *Reino dos Céus*.

Salvador, 4 de outubro de 2014.
JOANNA DE ÂNGELIS

1

RENOVADAS ESPERANÇAS

A esperança esvanecia-se nos corações aflitos e nas vidas sobrecarregadas pelas injunções penosas, sendo substituída lentamente pela amargura e pelo desencanto.

Mais uma vez a opressão asfixiava Israel, reduzindo o seu povo à situação de hilota, sob a poderosa força das legiões romanas.

O governo, tão imoral quão perverso de Herodes, o Grande, espalhava o terror por todo o país, embora subserviente ao imperador desde quando o Senado romano nomeou-o como *Rei dos judeus*.

Jerusalém era um covil de criminosos a soldo da impunidade, desde que protegidos pelo Sinédrio ou pelo déspota, que passaria à História como um dos mais perversos do seu tempo.

O silêncio das revelações que se prolongava por alguns séculos demonstrava a decadência moral que dominara o reino sob severas provações.

De um lado, a Torre Antônia vigiava os passos de todos quantos se movimentavam na velha urbe, e, do outro, o suntuoso Templo, no qual os serviços religiosos perderam totalmente o significado espiritual, substituído pelo comércio de toda ordem, dominavam as consciências e sufocavam as parcas esperanças de melhores dias.

A traição, as calúnias, a bajulação disputavam soberania nos palácios do sumo sacerdote e do cruel dominador, enquanto Roma vigiava-os com rigor, sempre pronta a interferir nas tricas intermináveis entre os rabinos ambiciosos, assim como entre as castas dos fariseus, saduceus, publicanos e proletários reduzidos à quase miséria total.

A justiça cedera lugar à astúcia e à perversidade em campeonato de insensibilidade moral e emocional.

A pessoa humana valia quase menos que uma animália.

Ao mesmo tempo, a ignorância em torno do sentido existencial e da busca moral de evolução predominava em toda parte.

Os fraudadores, os agiotas e os mercadores mantinham as suas bancas e os animais para o sacrifício no santuário que deveria ser dedicado aos objetivos do espírito, sem qualquer consideração pela dignidade.

A preocupação dos fariseus com as fórmulas e a aparência exterior, em terrível hipocrisia, assustava as massas em desgoverno emocional.

O formalismo substituía a legitimidade dos sentimentos e os rabinos aproveitavam-se da situação para o enriquecimento ilícito e o luxo exorbitante, em detrimento dos sofredores e miseráveis que enxameavam nas cidades, especialmente Jerusalém.

★

Foi nesse clima histórico de hediondez que nasceu Jesus numa noite estrelada, após deixar o sólio do Altíssimo.

Esse acontecimento sublime dividiu os fastos históricos da Humanidade e nunca mais a desfaçatez, a insensibilidade emocional e a dureza dos corações encontrariam apoio na sociedade, embora ainda permaneçam em predominância.

Ele veio traçar a linha divisória entre a verdade e a mentira, o poder político e o espiritual, o amor e a misericórdia em lugar da astúcia e da selvageria...

Suave e nobre como uma réstia, que diminuiu a escuridão aparvalhante, Ele inaugurou o período da fraternidade sem jaça, do trabalho honorável, da imaculada justiça sob a proteção do amor até a abnegação e o sacrifício.

Jamais a Humanidade conheceu alguém do porte de Jesus.

Nunca houve alguém à Sua semelhança, que vivenciasse todos os postulados que enunciava, amparando e convivendo com aqueles que eram considerados excluídos, pelo simples fato de serem infelizes.

Ele abriu os braços e envolveu os desventurados em doce amplexo de ternura incomum, atendeu as criancinhas ingênuas, os enfermos desditosos, as mulheres equivocadas e todos aqueles que tinham fome e sede de justiça e de misericórdia.

Por isso, a Sua é a vida mais bela e grandiosa que passou pela Terra, deixando pegadas luminosas, a fim de que, através dos séculos, os transviados pudessem identificar o caminho que os pode conduzir com segurança à meta anelada, que é a plenitude, o *Reino de Deus* no próprio coração.

Ao escolher um monte nas cercanias do mar da Galileia como cenário de beleza ímpar, ele cantou as Bem-aventuranças, o mais perfeito código de ética moral e de comportamento que prossegue ressoando através dos últimos dois milênios nas mentes e nos sentimentos humanos.

Quem reflexione sinceramente no seu conteúdo, nunca mais voltará às paisagens ermas e terríveis do egoísmo, da insensatez, da indiferença pelos valores elevados da existência.

Suas mãos cariciosas dedicaram-se a limpar os leprosos, a abrir os olhos aos cegos, a descerrar os ouvidos dos moucos, a restituir movimentos aos paralisados, mas, sobretudo, a guiar como pastor dedicado o rebanho pela trilha de segurança, fazendo-se, Ele próprio, o Caminho para a Verdade e para a Vida.

A Sua voz canora narrou as extraordinárias parábolas, sintetizando todas as necessidades humanas e as soluções nessas narrativas fecundas e inolvidáveis, hoje transformadas em recursos psicoterapêuticos para os depressivos, os atormentados, os perdidos no país de si mesmos.

Nunca mais se ouviria o canto nem o encanto desse Homem incomparável que se negou a ser rei dos judeus, por ser o Senhor das estrelas...

★

Lembra-te de Jesus na celebração do Natal, evocando-Lhe a vida incomum, o amor inefável de que se fez portador, aplicando na conduta as lições insuperáveis que legou à Humanidade.

Não te deixes perturbar pelos ruídos das propagandas da ilusão, mantém o silêncio interno e a visão clara para identificar os necessitados aos quais Ele denominou como *Filhos do Calvário*, e quanto possível, em memória d'Ele,

Tesouros libertadores

atenua-lhes as dificuldades e os padecimentos atrozes que os vergastam.

Permanece vigilante, a fim de que neste Natal Jesus deixe de ser confundido com o mercado dos presentes e retorne ao convívio do povo como a esperança de felicidade que se converte em realidade.

2

ANTE A ESPADA
E A CRUZ

Desde priscas eras a espada vem contribuindo para o desar do ser humano, embora a utilidade de que também se reveste, quando aplicada com o objetivo edificante.

No período paleolítico, começou a ser usada na sua forma tosca, como instrumento de defesa contra os animais, assim como auxiliar para diversos labores que tornariam melhor a existência.

À medida, porém, que o desenvolvimento intelectual se foi aprimorando, ei-la transformando-se mais em arma agressiva-defensiva, ceifando vidas humanas nos ferozes combates entre tribos e clãs.

Deu origem, de alguma forma, à lança, à flecha, que serviam para a caça e a pesca, mas especialmente para a guerra.

Aprimorada, converteu-se em troféu de honra e galardão para os cavalheiros e os chefes de Estado no momento das gloriosas ascensões aos poderes temporais...

A cruz, por sua vez, na função punitiva, surgiu originalmente na Caldeia antiga, sendo utilizada como instrumento de aflição e de morte dolorosa.

Os romanos passaram a utilizá-la pelos sofrimentos que causava às suas vítimas, prolongando-lhes as angústias e matando-as mediante a terrível asfixia, além das inenarráveis dilacerações que produzia.

Lentamente passou por mudanças da trave horizontal como da vertical, de acordo com os povos que a tomaram como símbolo hierático, inscrevendo nas suas bandeiras e flâmulas, nos seus documentos e obras. Entre muitas, surgiram as cruzes grega, de Tau, heráldica, em trevo, bifurcada, da igreja ortodoxa, de Jerusalém...

Na gloriosa história do Cristianismo, aturdido no Getsémani, Pedro tomou de uma espada e decepou a orelha de Malco, que Jesus curou, advertindo-o para que a embainhasse, porque todo aquele que a usa para ferir, torna-se-lhe vítima do afiado gume.

Por sua vez, a cruz, na qual Ele foi supliciado até a morte, deixou de ser vista apenas com a finalidade de matar, tornando-se instrumento libertador para a vida sublime e perene.

Antes, Ele já lhe havia diminuído o caráter punitivo no qual era utilizada, ao propor que cada qual deveria tomá-la sobre os ombros, a fim de segui-lO.

Sucede que há também espadas destrutivas não metálicas ou de confecção material, porém, simbólicas e de efeitos danosos.

A língua humana resguardada na boca é uma *lâmina embainhada*, que tanto pode edificar, favorecer, como ferir, amargurar, destruir.

A calúnia é urdida na mente, mas verbalizada consegue roubar a paz, tisnar a harmonia do ser e até ceifar vidas honoráveis.

Tesouros libertadores

A maledicência é responsável por conflitos inomináveis, gerando animosidades que se convertem em tragédias.

A intriga e a censura perversa são verdadeiras espadas afiadas que se encarregam de aniquilar belas florações dos sentimentos, despertando a inveja e a malquerença dos enfermos morais.

Por sua vez, a cruz invisível dos sofrimentos, quando conduzida com resignação, alça o indivíduo às regiões da plenitude, enquanto a espada o degrada.

O crucificado pode converter-se em magnífica vítima de martírio, tornando-se uma ponte espiritual entre os abismos do mundo material e grotesco e o de natureza espiritual transcendente.

Fitando-se Jesus na cruz, pode-se ver além do espetáculo chocante, um Vencedor de braços abertos, caído, porém, de pé, alçando-se ao infinito num voo de incomparável doação, a fim de que toda a Humanidade pudesse segui-lO.

Aqueles que utilizaram a espada contra Ele e a vida, sucumbiram na loucura e no desconforto moral, ficando suas vidas assinaladas pela crueldade e infâmia.

Foi Ele quem transformou a cruz em bênção e a espada em veículo para a sublimação.

★

Na Sua infância, em Nazaré, Ele conheceu a rebelião judaica armada contra os romanos que o general Varus esmagou, adornando a estrada de Séforis, que ficava próxima do seu modesto lar sete quilômetros, com dois mil galileus crucificados, expostos de um e do outro lado.

Mais tarde, no ano 70 depois da Sua morte, Tito acabou com as florestas de Israel, crucificando mais de uma centena de milhar dos que resistiram na Jerusalém insubmissa e que foi arruinada de tal forma que a fez desaparecer, dando lugar, algo mais tarde, à construção da cidade de Aélia Capitolina.

Hoje, ei-la ainda vitimada pelas lutas sangrentas em que predomina a espada.

Toma a tua cruz e embainha a tua espada na atual existência carnal.

Sê simples e puro de coração, triunfando interiormente e adornando-te das condecorações sublimes: as cicatrizes morais dos testemunhos.

Não ergas a espada para ferir em revide ao golpe que sofreste, mas, antes, perdoa.

Seja decorrente da acusação indébita, da infame traição, da perversa injustiça, não reajas, cultivando o perdão, porque o outro, aquele que mal procede, não sabe realmente o que está fazendo.

Não importa que ele seja teu amigo ou teu familiar, que a miopia espiritual cegou ou se é declarado adversário, que se compraz afligindo-te.

Tem em mente que ele está doente e que já passaste pelo mesmo caminho, agora em processo de recuperação.

★

Perdoa sempre, a fim de viveres em paz.

Reflexiona que hoje segues ao som das bem-aventuranças, cuja musicalidade permanece ressoando desde há vinte séculos e somente agora a ouviste com o seu significado profundo, encantando-te.

Supera-te através do perdão e faze da tua espada um instrumento que, cravado no solo, tome a aparência de uma

Tesouros libertadores

cruz através da qual te redimas e arraste na direção do Mestre aquele que te amaldiçoa e apunhala.

Perdoa, portanto, com alegria e paz.

3
CANÇÃO DA IMORTALIDADE

A vida física é um processo evolutivo para o Espírito, que se veste de matéria para as experiências necessárias à sua iluminação.

Dessa forma, cada existência carnal constitui abençoado ensejo para o desenvolvimento dos sublimes tesouros que dormem em germe no ser.

Passo a passo, desperta a essência divina de que todos se constituem, em razão da sua gênese que é o amor de Nosso Pai Celeste.

Mediante os pensamentos, palavras e atos praticados edificam-se as futuras jornadas, sempre decorrentes das anteriores, qual acontece em uma classe de estudos, cuja promoção para nível superior sempre depende da aprendizagem adquirida.

Quando ocorrem descuidos e deslizes morais, comportamentos insalubres e agressivos que perturbam a marcha do conhecimento, é estabelecida a necessidade da repetição do currículo, a fim de que venha a constituir alicerce para o somatório de novas informações.

De igual maneira ocorre na aquisição dos inestimáveis recursos intelectuais e morais, que facultam ao Espírito ser o autor da felicidade ou da desdita que lhe assinala a caminhada no rumo da perfeição.

Não existem exceções nos Códigos Soberanos da Divina Justiça, todos experimentam os mesmos desafios, graças aos quais apresentam-se portadores de diferentes níveis de consciência e de desenvolvimento ético-moral.

A imortalidade é, portanto, a meta a atingir através das sucessivas reencarnações, que são os diferentes degraus a conquistar, na simbologia da bíblica *escada de Jacó* que conduz ao Infinito.

Em razão, portanto, do impositivo de crescimento para Deus, cabe a cada criatura o esforço para desembaraçar-se das paixões primitivas que a mantêm na ignorância e na sensualidade por onde transitou, adquirindo outros valores de natureza enobrecida, que lhe facultarão a harmonia interior, a saúde e a coragem para a luta incessante.

A morte física, em consequência, é um fenômeno biológico natural que alcança apenas a forma, o invólucro material que é deixado após o seu uso, prosseguindo a vida em outra dimensão e vibração de energia, na condição de *princípio inteligente*, que é o Espírito imortal.

Necessário que se considere a inevitabilidade da desencarnação, pensando diariamente na sua ocorrência, a fim de que não se seja surpreendido quando acontecer.

Distraído pelas sensações do corpo, o Espírito apega-se à matéria e às suas concessões, permite-se fixação perturbadora, da qual terá que se libertar, não raro, a contributo do sofrimento, mediante a perturbação que o assalta além das fronteiras carnais.

★

Tesouros libertadores

Estás destinado à plenitude ou Reino dos Céus, conforme a promessa de Jesus.

Não recalcitres ante o impositivo das leis, que nem sempre respondem como gostarias aos apelos aflitivos durante o trânsito carnal.

Mergulha o pensamento e a emoção nas páginas libertadoras do Evangelho de Jesus, a fim de que possas insculpi-las na conduta diária, utilizando-te delas como metodologia iluminativa ante as circunstâncias obscuras do período existencial.

Nada te acontece por acaso, por capricho do destino.

O teu é o destino reservado aos triunfadores, que somente depende de como te comportes e desejes.

Desde que compreendes a Lei de Amor a que Jesus se referiu e viveu, mais facilmente enfrentarás os problemas que te surgirão à frente e os transformarás em lições de sabedoria.

Enquanto os insensatos desesperam-se ante as ocorrências mais desagradáveis, entregam-se à revolta e à blasfêmia, como se fossem eleitos e incorruptíveis que não merecessem passar pelos mesmos caldeamentos a que todos estão sujeitos, permanece fiel ao dever com paciência e coragem, de modo a enfrentares todas as vicissitudes com a alegria de alguém que se liberta das dívidas adquiridas anteriormente.

Jamais consideres que sofrimento é infelicidade ou desgraça, já que sabes que somente és chamado a resgatar compromissos que foram desrespeitados e atitudes que foram praticadas em agressão aos códigos do bem.

Na transitoriedade terrena, todas as dores logo passarão e deixarão as marcas abençoadas ou afligentes que decorram da maneira como as enfrentares.

Desgraça real é o mal que possas fazer, são as atitudes de soberba e de ressentimento que cultives, as agressões e rebeldias que já não devem fazer parte da tua existência.

Da forma como te preparas para qualquer realização futura, também te organiza para que a morte, quando chegar, te encontre rico de valores e de paz, não te causando qualquer tipo de aflição ou de choque.

Além do túmulo continuarás conforme te encontras, dando prosseguimento aos compromissos abraçados que não serão interrompidos, porque a vida estende-se além das vibrações do organismo físico.

Poderás continuar amando àqueles que ficarão na retaguarda, ajudá-los-ás no crescimento pessoal, de modo que o amor continuará lenindo a saudade que, de alguma forma, é uma expressão da ternura que o afeto coloca no ser.

★

Não te desesperes ante os seres amados que a morte arrebatou momentaneamente do teu lado.

Eles prosseguem vivendo e cantam o hino da imortalidade.

Faze silêncio interior para ouvir-lhes as vozes, sentir-lhes as emoções, orares com eles e cresceres também no rumo da Espiritualidade.

Eles te esperam com imensa alegria, pois que sabem quanto rápido passa o período orgânico na Terra.

Ora por eles com gratidão por tudo quanto te significam e os envolve em carinho, pois que o amor é a presença de Deus em todo o Universo.

4

A BÊNÇÃO DA ESPERANÇA

Nietzsche, o amargurado filósofo alemão, ateu e pessimista, assinalou que o perdão egrégio é fraqueza moral, portanto, falta de caráter.

Generalizado o conceito sob expressões diferentes, o mesmo representa a mesquinhez dos sentimentos que aguardam vingança, que trabalham pela devolução do mal que, por acaso, lhe haja sucedido.

Esse comportamento, o do desforço, é muito mais um ato infeliz e vergonhoso, enquanto que o perdão expressa a coragem e a grandeza espiritual de todo aquele que o oferta.

Assevera-se, em concordância com a tese, que a justiça não pode ser desprezada e que, mediante o perdão, permanece o crime. Quando, porém, o perdão é verdadeiro, não há qualquer impedimento para que a justiça prossiga no seu rumo. O que ocorre é o ato de não ser feita pela vítima, armada de ira e de agitação, com sede de vingança.

Desde quando os latinos criaram a palavra *Justitia*, apresentaram-na como uma dama que carrega uma balança e uma espada, respectivamente em cada mão, tendo os olhos vendados, significando a sua imparcialidade.

Na visão cristã, a simbologia da espada cede lugar à presença da misericórdia da educação do réu, do ensejo que lhe deve ser oferecido para a reabilitação.

A ninguém cabe tomá-la pelas mãos num esforço vingativo pelo sofrimento que lhe foi imposto, deixando às Leis Soberanas, às vezes representadas pelas humanas, o mister de realizarem os procedimentos compatíveis com o nível de elevação moral e intelectual da sociedade.

No Saltério inserto no Velho Testamento, encontramos os denominados *salmos imprecatórios*, em que os profetas clamavam por vingança, praguejavam e ameaçavam, dirigindo-se ao *Deus dos exércitos*.

Jesus, porém, veio substituir esse Vingador, pelo Deus Todo Amor, rico de compaixão e de ternura, que deseja o desaparecimento do crime sem a extinção daquele que se lhe fez instrumento.

É nesse capítulo que se inserem o perdão e a esperança de felicidade.

A todos está destinada a plenitude, por mais danos as criaturas se façam a si mesmas durante a trajetória carnal; elas sempre encontrarão à frente a oportunidade reparadora de renovação íntima e de crescimento espiritual.

Quando ocorre o perdão, não sucede a reconciliação, que independe daquele que se oferece para não devolver o mal de que foi vítima.

A reconciliação será resultado do tempo, da anuência do outro, o verdugo que está acostumado à retaliação.

A esperança de que a vida sempre se encarrega de regularizar todos os incidentes e desares, deve constituir motivo de encorajamento para prosseguir-se na ação do bem.

★

Tesouros libertadores

Não te produzam receio as nuvens carregadas de tempestades que danificam, mas passam.

Tens compromisso com o amor.

Desarma-te dos melindres doentios e egoicos que sempre te colocam em posição de vítima, supondo que tudo negativo é dirigido a ti.

Rompe essa fragilidade moral em que te apoias e que utilizas para fugir na direção da tristeza, sempre que te suponhas não atendido, numa atitude psicológica infantil.

O teu próximo não te pode estimar, cuidar dos teus conflitos, que tens o dever de superar porque te pertencem.

O outro, aquele a quem exiges consideração e cuidados para contigo, também tem problemas e dificuldades que não te narra.

Fita o mar proceloso da existência, e quando te sentires fragilizado, robustece-te na oração ancorado na confiança da vitória.

A desconfiança é nuvem que oculta a face da vitória.

Renasceste para o triunfo sobre ti mesmo e este é um trabalho que somente poderá ser realizado por ti.

Não transfiras para os outros os teus demônios psicológicos, à espera sempre de mimos e aparências.

Cristão sem testemunhos é linda planta trabalhada em substância plástica, bela, mas sem vida.

A esperança é bênção do Céu para toda a existência.

Quando tudo esteja escasso e experimentes aparente infortúnio, a esperança é o anjo vigoroso e companheiro vigilante que estará ao teu lado, emulando-te ao prosseguimento.

Mesmo que advenham situações penosas e muito aflitivas, considera que a vida física não é uma viagem idílica ao país do prazer, mas se trata de uma experiência iluminativa, que trabalha pela libertação do ser.

Quando luz no seu íntimo a bênção da esperança, a vida exulta em plenitude.

Educando os instintos agressivos, desenvolve as emoções dignificadoras, de forma que sobreponhas sempre o sentimento de amor.

Em qualquer circunstância, especialmente naquelas que te parecem infelicitadoras, interroga-te como gostarias de ser tratado ou reconhecido pelo teu próximo e faze conforme concluas.

A justiça não dilui a esperança, dá-lhe vigor, assim como o perdão também o faz.

O teu destino é construído pelo teu pensamento.

Abandona o vício mental negativo, sórdido, vulgar, e enriquece-te de beleza e de esperança.

★

Jesus, no último instante na Cruz, quando nada mais podia ser feito, suplicou:

– Pai, em Tuas mãos entrego o meu Espírito!

A sublime esperança das bênçãos transcendentais a que Ele fazia jus ficou na condição de última mensagem.

Entrega-te a Deus, Ele fará o que não esteja ao teu alcance, e mantém sempre a esperança como a segura companheira da tua existência.

5

O REINO DE DEUS

A cultura judaica estabeleceu, baseada nas Escrituras antigas, que o Reino de Deus era reservado a Israel, desde que os seus filhos pautassem a conduta na irrestrita observância das Leis, repudiassem todos aqueles que a não respeitassem e os condenassem, mesmo que mediante o ódio, a segregação, o desprezo total.

Desse modo, aqueles que eram tidos como pecadores por se permitirem conduta incompatível com os *livros sagrados*, que narram a sua história assinalada por tragédias e vinganças, rica de profetas amargurados e com sentimentos de desforço, aferrados aos castigos que deveriam ser aplicados, também os de natureza divina, somente mereciam o expurgo, o apedrejamento até a morte, ou sofrerem toda uma longa lista de punições concordes com o tipo de erro cometido.

Esses *impuros* deveriam ser perseguidos de forma inclemente, submetendo-os ao jugo da crueldade, sem o menor sentimento de humanidade ou de compaixão.

Criado o partido dos fariseus, esses viviam preocupados com a aparência, fiscalizando todas as minudências do rigor da Lei antiga, verdugos dos infelizes que nunca lhes encontravam qualquer sentimento de piedade ou de misericórdia.

Desse modo, dividiram o povo em *nós* e os *outros*, os herdeiros do Reino e aqueles que deveriam ser reduzidos a hilotas, abandonados à própria sorte. Sob a ira e o rancor dos primeiros, essa cólera individual alongava-se ao clã, depois ao grupo social e, por fim, à nação, dando lugar a crimes vergonhosos que terminavam em genocídio, quando se espalhavam pelas multidões.

Em retribuição a essa fidelidade férrea, na qual demonstravam o seu amor a Deus, Ele enviaria o *Messias* que os libertaria de qualquer jugo e lhes concederia a plenitude. Aos outros estava reservada a condenação, o aniquilamento.

Para Jesus, o Reino de Deus era lavrado no comportamento amoroso em relação aos infelizes e rejeitados, aos que padeciam a crueldade e a servidão. Por isso, sempre os privilegiava, fazendo refeições com meretrizes, ébrios, ladrões, convivendo e auxiliando-os nas suas necessidades.

Dessa maneira, escandalizava os puritanos cumpridores das aparências, que O seguiam para encontrar motivos para entregá-lO às autoridades, por estimular os desgraçados em flagrante desrespeito aos estatutos legais.

Para Israel, o Reino de Deus caracterizava-se pelo poder temporal, os privilégios durante a existência física, a glória momentânea e enganosa.

Para Jesus, os outros, aqueles que eram desditosos, estes sim, seriam os herdeiros da plenitude.

Em razão dessa visão superior, Ele apresentou o *Sermão da montanha*, que se tornou o mais admirável código de ética e de moral conhecido até hoje.

Ele evitou a prevalência da dualidade *nós* e os *outros*.

Demonstrou que Deus é o Genitor universal e jamais criaria duas humanidades.

Foram o orgulho e a prepotência dos maus que dividiram a sociedade em castas e classes que ainda perduram. Mesmo que, em alguns lugares não mais se encontrem nos códigos legais, permanecem nos comportamentos tiranos, nos relacionamentos vazios de elevação, nos infelizes preconceitos.

Jesus se fez a ponte entre as duas bordas do abismo estabelecido pela ignorância e demonstrou que são os enfermos que necessitam de assistência especializada e os que padecem de carências que devem tê-las preenchidas pela substância sublime do amor.

★

Ainda hoje, embora a evolução dos processos sociológicos e legais, enxameiam em toda parte os outros, aqueles que não merecem qualquer consideração e devem ficar desprezados, em exclusão...

O Seu Evangelho, em razão disso, é diretriz segura para a felicidade do ser humano, por oferecer os mecanismos específicos para o burilamento das suas imperfeições, invitando todos ao autoaprimoramento com a sua natural expansão no rumo do seu próximo.

Enquanto viceja a dualidade do *nós* e dos *outros*, inúmeros conteúdos psicológicos perturbadores dominam os campos dos conflitos daqueles que não logram superá-los.

Facilmente elegem a infelicidade pessoal como bandeira para opor-se aos outros, que se lhes apresentam como inimigos ou perseguidores gratuitos.

De um para outro indivíduo, essa conduta iníqua amplia-se para a família e o grupo, facultando à sociedade estabelecer critérios que culminam em perseguições generalizadas, em guerras hediondas.

O amor que se irradia da palavra e vivência de Jesus é o único antídoto para esse terrível mal.

Quando o ser humano se permitir agasalhar as bem-aventuranças no comportamento, harmonizar-se-á, tornar-se-á harmonizador. Trabalhará em favor da união, preenchendo o abismo da separação com os gestos de bondade, de ações benéficas e de caridade.

As atitudes que se lhe opõem desencadeiam os graves transtornos que assolam a sociedade contemporânea, tais como a depressão, o distúrbio do pânico, as frustrações, as somatizações, os infortúnios...

O Reino de Deus proposto por Jesus inicia-se *no mundo que o Pai amou de tal maneira,* que O ofereceu para que todos pudessem fruir, depois d'Ele, as benesses da felicidade.

Quando Ele asseverou que era necessário optar-se entre os enganos do mundo e a realidade da transcendência da vida, apontou a imortalidade como a meta a ser conquistada. E assim procedeu, porque as ilusões que se incorporam no século como realidade, diluem-se no momento próprio, e as opções pelos conteúdos imortalistas permanecem, proporcionam o perene bem-estar.

Todo aquele, portanto, que trava contato com a mensagem sublime do Mestre dispõe de um tesouro de valor incalculável que, aplicado como se deve, rende juros de paz e de bênçãos especiais.

Tesouros libertadores

★

O *Reino de Deus* – Ele informou – *está no coração.*

É necessário buscá-lo de imediato, a fim de o viver intensamente, e, desse modo, transformar a existência numa jornada exitosa.

Israel havia estabelecido um reino dividido pelo orgulho vão, enquanto Jesus reuniu-o mediante a soberana argamassa da fraternidade, que deve viger entre todos os filhos do mesmo Pai.

6

LIÇÕES LIBERTADORAS

Vigem, lamentavelmente, em alguns círculos da fé cristã, a indevida informação de que Jesus veio à Terra, com especial compromisso para o sacrifício na cruz.

Noutras comunidades, de igual maneira desnorteadas, busca-se acomodação injustificável ao afirmar-se que a *Regra de ouro* apresentada na montanha, é para ser decodificada e adaptada às circunstâncias modernas, em conclusão aberrante, por eliminar os profundos conceitos morais nela estabelecidos.

Outros grupamentos, também equivocados, afirmam que Jesus suavizou a severidade da lei antiga mediante a proposta edificante do amor.

Em verdade, a cruz na qual se despediu da jornada humana, não foi uma fatalidade imposta, mas Sua escolha, que Ele poderia ou não ter elegido.

Toda a Sua vida foi um hino vivo de lições inesquecíveis que permanecem aguardando a coletiva aceitação da sociedade para a conquista inevitável da plenitude.

Ninguém, antes, conseguira sintetizar as lições libertadoras, em período tão breve da existência, como aquele dedicado por Ele ao ministério da palavra, acompanhadas pelos sublimes exemplos, qual o fez.

Nos memoráveis diálogos, Ele sempre exaltou os valores que não eram considerados, numa cultura preconceituosa e prepotente, com sede de poder e de tormentosas vinditas.

Opôs-se com segurança às ilusões do mundo temporal, desde o momento em que optou por um berço de palha, quase em direto contato com a Natureza, que muito amou, e viveu de maneira compatível com cada palavra e conceito que emitiu.

Enfrentou o farisaísmo dos equivocados, cumpriu todos os deveres impostos aos cidadãos, sem reservar-se qualquer privilégio.

Não temeu a soberba farisaica, nem as injunções adversas que Lhe preparavam; manteve-se acima das misérias humanas.

Cultivou a simplicidade e a pureza, embora a condição de *Messias,* que preferiu servir a ser favorecido em todas as circunstâncias.

Todos os Seus, foram passos firmes na direção do porto da paz, o que culminou na crucificação, consequência natural da opção pelo amor aos infelizes e excluídos.

Ele não veio atenuar a severidade das leis nem dos profetas. Pelo contrário, submeteu-se-lhes jubilosamente, pois que pagou o tributo devido a César, mas também atendeu os deveres de referência a Deus.

Honrou as sinagogas e o Templo, levou-lhes a palavra libertadora enfocada na Divina Justiça, sem olvidar a Misericórdia e a Compaixão do Pai Todo Amor.

Tesouros libertadores

Não transgrediu nenhum dos mandamentos do Decálogo, enobreceu-os com a existência rica de dignidade.

Foi além das recomendações legalmente estatuídas, amando a todos. Enquanto a tradição mandava amar apenas àqueles que os amassem, Ele apontou o patamar elevado ao enunciar: – *Eu, porém, vos digo: amai os vossos inimigos e orai pelos que vos perseguem, para que vos torneis filhos de Deus...*

Não há como servir-se a Deus e desrespeitar os códigos da humana legislação.

Ele dignificou a mulher e abençoou a infância, que não eram tidas em alta consideração; não condenou a adúltera, embora não transigisse com o seu comportamento irregular.

A um jovem rico, desejoso de alcançar o Reino de Deus, estabeleceu como condição essencial a renúncia a todos os bens terrestres e a adoção de novo comportamento a partir daquele instante...

Jamais se permitiu qualquer desobediência, e, se trabalhou no sábado, violando o estabelecido código do repouso nesse dia, é porque o sábado foi feito para o homem servir e não para a sua inação.

Nunca houve alguém mais submisso aos códigos, alguns injustos, de Israel, que se Lhe semelhasse.

★

A incomparável mensagem das bem-aventuranças não tem nenhum caráter simbólico. Toda ela é vívida página de ação eloquente em relação aos deveres.

Trata-se de uma exaltação dos que eram rebaixados, de uma advertência aos poderosos quanto equivocados se encontravam e ainda permanecem no engodo.

As imagens fortes permanecem como vigoroso apelo à humildade real que dignifica, à compreensão que eleva, ao amor que sublima.

Na continuação dos conceitos confortadores, exprobou o adultério, a intemperança, os falsos juramentos, traçou linhas de austera conduta que complementam a Lei e a tradição.

Não somente, porém, enunciou as normativas, mas exemplificou-as, desde a compostura junto aos infelizes como diante dos indivíduos opulentos, assim como em relação aos rabinos honoráveis que O buscaram.

A *Regra de ouro* é para ser vivida em toda a sua musicalidade extraordinária, e o cristão legítimo não se pode permitir interpretações benignas e complacentes com os vícios e licenças morais da atualidade.

Conhecer Jesus é o passo inicial para viver com Ele a trajetória seguida, a sexta-feira da paixão, o caminho do holocausto em serenidade.

Se te identificas com o Mestre galileu, não te permitas alterar as regras da Boa-nova, que suavizem a marcha, nem te enganes com interpretações benevolentes que anuem com os fugazes prazeres da ilusão corpórea.

Age sempre como Ele o faria, mantendo-te em sintonia com a Sua conduta incorruptível.

Quando alguma adversidade tentar nublar a claridade da tua fé rutilante, alenta-te na evocação de que também Ele foi testado de formas variadas, venceu-as todas com tranquilidade e harmonia interior.

Tesouros libertadores

Nunca te permitas concessões que violam as lições libertadoras que Ele te legou.

★

A cruz, na qual Ele expirou, foi o momento clímax para confirmar todos os ensinamentos, parábolas e curas realizadas, demonstrando que a conquista do Reino de Deus depende de alta quota de sacrifício e de abnegação. Entretanto, considera que sem a crucificação não teria havido a ressurreição triunfante para coroamento na vida imortal.

Também ressuscitarás após o testemunho.

Exulta, desde agora e vive Jesus integralmente no dia a dia da tua vilegiatura carnal.

7

JUSTIÇA E AMOR

As leis antigas inviavelmente conduziam o sentimento primitivo do desforço, em sórdidos espetáculos de vingança doentia.

Confundia-se a necessidade de retificação do erro com o impositivo da punição perversa, pois que não se tinha em conta que o infrator perdera o endereço de si mesmo e caminhava emocionalmente por vias tortuosas.

Recorrendo-se ao Velho Testamento, por exemplo, em breve reflexão, podemos ler em Lameque, no capítulo 4, versículos 23 e 24, a triste conceituação de justiça exarada na vingança ilimitada.

Lameque, segundo o mito bíblico, era bisneto de Caim, de tormentosa memória.

Em diálogo mantido com as duas mulheres com as quais convivia, vangloriava-se, ao explicar: – (...) *Pois matei um homem por me ferir e um mancebo por me pisar. Se Caim há de ser vingado sete vezes, com certeza Lameque o será setenta e sete vezes...*

Ante conceito arbitrário desse porte em torno de uma justiça lavrada no ódio e no espírito de vingança contra o outro, mais tarde, Moisés, através do *Decálogo*, fixando-se de alguma forma na Lei de Talião, refunde-a, limitando a justiça ao nível da ofensa, à cobrança legal de acordo com o delito perpetrado: *olho por olho, dente por dente, braço por braço...*

Embora a severidade que nela se acerca da crueza do sentimento, vige a diminuição da desforra primitiva, em não liberar o criminoso de qualquer natureza, ao mesmo tempo facultar-lhe qualquer tipo de privilégio.

Desde que o indivíduo haja cometido um delito, automaticamente se lhe inscreve no íntimo a necessidade retributiva, a fim de resgatar conscientemente de acordo com a ação deletéria praticada.

Sem dúvida, a legislação de *tal e qual* representa ainda ausência do sentimento de humanidade.

Coube, porém, ao incomparável Rabi galileu a legislação trabalhada na indefectível *Lei de Amor*, na qual a misericórdia compadece-se do infrator e faculta-lhe a reabilitação moral.

Ínsito na consciência o amor, quando asselvajado, responde pelos dislates a que a criatura se permite, e deixa-se minar pela soberba e prepotência, que andam juntas, em olvido da própria fragilidade de que se constitui.

Na larga viagem do instinto para a razão há predomínio dos automatismos primários que se corrigem com as experiências, enquanto se abrem as possibilidades para a conquista da angelitude.

Em razão de haver sido muito longo o período inicial para o desenvolvimento moral, é compreensível que se haja fixado o hábito de reagir, para depois tornar-se ação com os componentes da razão e do sentimento que desabrocham em forma de afabilidade.

A partir daí, torna-se mais factível e rápido o processo transformador e iluminativo.

A matéria que predomina na conduta psicológica cede passo ao sentimento ético que proporciona harmonia emocional e, por consequência, saúde integral.

★

Jamais te coloques na condição doentia do prepotente Lameque, credor de valores que realmente não possuía.

A ninguém é concedido o direito de ceifar uma existência humana sob qualquer justificativa em que se apoie, que será sempre filha do egoísmo.

Considera a insignificância do fato de alguém pisar no pé de outrem ou no teu, e constatarás que esse não é um motivo para que se use a adaga mortífera.

A terra hospeda enfermos de variada gênese, especialmente portadores do primarismo que neles predomina com vigor.

Quando luz a claridade do amor no âmago do ser, a ofensa, mesmo grave, transforma-se em catarse de desespero na faixa em que ele estagia.

Quando te escasseie o sentimento do amor pleno como terapia de emergência, que te utilizes da misericórdia, compreendas a situação inglória do outro e tentes perdoá-lo. No entanto, se o gravame apresentar-se superior à tua capacidade de imediato perdão, recorre à compreensão, desculpa o agressor infeliz que se encontra em surto de loucura e não se dá conta.

Nunca, porém, permitas, quando agredido, direitos e privilégios que Jesus, que era justo e inocente, não se arrogou como precedente.

Certamente não advogamos em favor da agressividade, da ingratidão, dos disparates, dos comportamentos arbitrários que deverão passar pelos códigos que facultam o equilíbrio do cidadão conforme as conquistas ético-morais já alcançadas por alguns segmentos sociais.

Dia chegará em que o amor soberano legislará com igualdade para todos, suprindo-os com os requisitos elevados do dever direcionado à sociedade saudável.

Buscar desculpas legais para a vingança, jamais!

Pessoa alguma foge da consciência e, por extensão, da Justiça Divina, que a tudo e a todos observa, controla e direciona.

A jornada poderá, não poucas vezes, parecer áspera, mas será assim que se alcançará o acume da montanha da evolução.

★

No *Código penal da vida futura*, o egrégio codificador do Espiritismo propõe um projeto de justiça equânime e cristã, apoiada na Lei de Causa e Efeito, iluminada pelo amor no seu significado ético mais elevado.

Desse modo, busca ser justo e afável, estabelecendo, desde hoje, os pródromos da era de justiça com caridade e misericórdia, atenuando ou mesmo eliminando a vingança.

8
AS MÁS INCLINAÇÕES

O grande poeta latino Terêncio afirmou com espontaneidade, há quase vinte séculos: *Nada humano é estranho para mim.*

Embora aparentemente audaciosa a conceituação, ela encontra ressonância na realidade, em face da existência das *más inclinações*, que são heranças arquetípicas do processo evolutivo da criatura humana.

Essa afirmativa deixa transparecer quanto o nobre poeta conheceu de perto na sua trajetória, a respeito dos comportamentos dos indivíduos e da sociedade do seu tempo.

É natural, portanto, que assim suceda, tendo-se em vista os arquivos ancestrais das experiências passadas impressas no inconsciente do Espírito imortal, nos quais se encontram ainda predominantes os instintos primários, que o levam a cometer equívocos lamentáveis, mesmo quando se encontra equipado de bons sentimentos e de conhecimentos em torno da responsabilidade perante a consciência.

As tendências perturbadoras, sempre que disparado algum gatilho emocional, ressumam dos arcanos profundos do ser e induzem-no, nesse momento infeliz, invigilante, a agir de maneira agressiva, incorreta e perturbadora, gerando consequências em forma de danos que exigem reparação, mudança de atitude, recomeço emocional e moral.

É, graças a essas perseverantes energias negativas, que muitos comprometimentos funestos instalam-se na conduta individual e coletiva, e geram abismos desastrosos no dia a dia da sociedade.

Pessoas corretas na aparência, insuspeitas e gentis, de um para outro momento alteram a maneira de conduzir-se, permitindo-se lamentáveis ações morais e espirituais que as fazem resvalar para níveis ultrajantes.

Indivíduos que combatem os erros sociais, as condutas que consideram esdrúxulas, quase sempre são surpreendidos exatamente nesses desaires que os atormentam interiormente, ocultos que permaneciam sob a máscara exterior.

Não seja, pois, de estranhar, que todo mal combatido com veemência e intolerância encontra-se ínsito nesse puritano, que se detesta inconscientemente e procura punir nos outros a chaga que carrega, como ferida aberta nos sentimentos, em processo de transferência para os demais.

Quando a sombra insidiosa e multifacetada não sofre o enfrentamento de maneira correta e consciente, o ser real, sempre quando confrontado com o que oculta, desvela-se, dá lugar à expansão dos conflitos malcontidos.

É de relevante importância a constante autoanálise, de modo a preservar-se a vigilância moral nos atos, reflexionar-se com cuidado ante os desafios, de modo a conduzir-se com a retidão possível, sem as manobras do *ego* ditador.

A conquista do bem-estar é efeito natural dos hábitos salutares gerados na mente voltada para o culto da edificação moral, mediante o reconhecimento da própria fragilidade, sempre ameaçada pelas injunções do cotidiano.

Tesouros libertadores

★

Platão acreditava que o ser humano é *inerentemente bom*, caso estivesse inteiramente consciente da sua responsabilidade.

Essa consciência do dever é resultado do conceito de que todos procedem do *mundo das ideias*, portanto, enriquecidos dos conteúdos do bom, do belo, do essencial.

Indubitavelmente, se a jornada começasse na fase da consciência, seria muito fácil a preservação dessa herança transcendental formadora do caráter, presente da individualidade.

Em realidade, o ser conduz no íntimo a essência divina, que lhe cabe desenvolver através de contínuas experiências evolutivas, qual semente dadivosa, que necessita *morrer* esmagada no subsolo, a fim de libertar a vida que se lhe encontra adormecida e alcançar a fatalidade da plenitude a que está destinada.

De igual maneira, o Espírito em processo de crescimento para Deus é compelido a encarnar-se e reencarnar-se, a passar pelo ciclo do *nascer, viver, morrer, renascer sempre* até atingir a culminância da sua destinação histórica.

De cada experiência transfere as conquistas positivas e negativas para o novo cometimento, a fim de libertar-se daqueles que são mais vigorosos, enquanto adquire outros de significado mais profundo, em aprimoramento contínuo até a total liberação das carapaças de que se encontra revestido na sua origem.

Por isso, é sempre tarefa inútil, quando não perniciosa, tentar ignorar as imperfeições, esmagar as más inclinações, refrear os impulsos vigorosos.

Tudo quanto é recalcado retorna com mais vigor e pulsação.

O enfrentamento com o ego, o autoconhecimento, que proporciona a visão dos limites assim como das possibilidades, constituem as valiosas ferramentas para desarmar os mecanismos de autodefesa egoísta, limar as imperfeições, diluir as cristalizações defluentes dos instintos primários e conduzi-los com equilíbrio para as finalidades vitais da existência sob o comando da razão.

As atitudes exteriores que disfarçam as dificuldades e os conflitos são o verniz social para os relacionamentos saudáveis, que, no entanto, devem aprofundar-se nos porões da alma, para liberar-se dos pântanos pestilentos das paixões dissolventes e enfermiças.

O ser humano prossegue amarrado ao passado de onde provém com amplidões infinitas pela frente, na direção do futuro que o aguarda.

A reencarnação, por isso mesmo, é a metodologia feliz para a consecução do objetivo anelado.

É impostergável o dever de aproveitar-se com sabedoria cada momento da existência carnal, para insculpir no cerne do ser os sentimentos de amor, de perdão, de compaixão, de autoiluminação.

Enquanto, aparentemente, tudo compele ao materialismo, aos choques e convulsões do personalismo, a batalha travada internamente pela predominância do bem tem regime de urgência.

Para esse augusto mister, a figura incomparável de Jesus, o Mestre por excelência, deve ser buscada, vivenciada, cuja vida e lições constituem o mais valioso recurso psicoterapêutico preventivo ao desequilíbrio e curativo para as feridas não cicatrizadas.

★

Nunca desistas de vivenciar o dever de desbastar a *sombra*.

A ignorância da sua força e poder mais energia lhe confere na predominância sobre o Espírito que se lhe submete inerme, por acreditar-se possuidor de méritos que as demais pessoas não reconhecem.

A coragem da luta interna, do conhecimento dos próprios limites e dos imensos quão importantes desafios para o avanço moral e espiritual, mais facilmente superam as más inclinações, dulcificam os sentimentos e felicitam o ser que ascende a patamares superiores de espiritualidade.

9
HARMONIA NA DOR

Os mitólogos informam que a harmonia é filha de Zeus, o soberano deus do Olimpo e de Electra, nascida para assinalar a beleza existente em todas as coisas, tempos e circunstâncias.

Em tudo existe a harmonia, mesmo no aparente caos, que oculta uma ordem não identificada pelos sentidos humanos, porém, de onde nascem o equilíbrio e o desenvolvimento que se direcionam para a plenitude.

A harmonia favorece a alegria ante a majestade exuberante das formas e das cores, do encantamento e da musicalidade, das aspirações pelo belo e pelo bom, ampliando-se na direção do infinito.

Quando a ordem se expressa em qualquer forma de percepção, logo a harmonia se manifesta.

Não exclusivamente existe a harmonia naquilo que proporciona fascinação e enlevo, mas também no sofrimento, que faz parte do seu conjunto ordeiro.

Não existisse a dor, em contribuição para o equilíbrio do conjunto, o tédio, por certo, tomaria conta dos sentimentos humanos na longa trajetória da sua evolução, sem a experiência das lágrimas, sem os vazios existenciais, sem a mensagem da tristeza, que dá um toque especial ao comportamento psicológico.

Muito fácil deslumbrar-se o ser humano com os painéis, os cromos e as exuberâncias da Natureza no Cosmo inalcançável, assim como nas micropartículas ainda não identificadas...

Jesus, por exemplo, é o mais perfeito exemplo de harmonia que jamais se corporificou na Terra.

Na montanha inolvidável, onde Ele apresentou a sinfonia ímpar das bem-aventuranças, tudo é harmonia, desde a formulação das frases, do seu conceito profundo e inconfundível, estendendo-se pela paisagem iridescente do dia refletido nas águas mansas do mar de Tiberíades até a multidão silenciosa, dominada pela Sua presença incomparável e a musicalidade da Sua voz na partitura lírica de todas as palavras.

Nada obstante, ei-Lo em harmonia, quando no horto das oliveiras aguardava a chegada da malta investida do alucinado poder de aprisioná-Lo.

Harmônico, não se permitiu uma palavra que destoasse de toda a Sua gloriosa existência, durante o julgamento arbitrário e insano.

Traído, abandonado, surrado, levado ao máximo ridículo, sem se permitir afetar pela miséria dos Seus inimigos, prosseguiu em harmonia estoica dantes jamais ocorrida.

Sob o peso da cruz, extenuado, suando sangue e debilitado nas forças como consequência do flagício, o Seu manso olhar dorido inspirava ternura, compaixão e misericórdia em relação aos Seus algozes.

(...) E mesmo na cruz em que outros sofriam vergonhosamente, Ele manteve-se harmônico, em perfeita sintonia com o Pai, a Quem rogou pelos atormentados flageladores.

A harmonia cristã é herança divina do Mestre de Nazaré para todos aqueles que O amam e O seguem.

★

Se ouviste o chamado de Jesus, que te facultou mudar o rumo da existência e te sensibiliza o coração, iluminando a tua mente, não te permitas, em momento algum, perder a harmonia interna, ou deixar-te arrastar aos tormentos gritantes do desequilíbrio de qualquer forma ou a inarmonia íntima da desconfiança, do arrependimento pela autodoação, da necessidade de libertar-te da situação afligente.

Escuta-lhe a musicalidade das bem-aventuranças, abraça a tua cruz e segue adiante, certo de que a plantarás com êxito no topo do calvário de libertação.

Nenhuma caminhada evolutiva ocorre sem as variações naturais do processo iluminativo.

De igual maneira, à primavera ridente sucede o verão com ardência, que se abranda com o outono e se entorpece na quadra hibernal.

A harmonia do tempo deflui exatamente das diversas quadras que se unem, a fim de que a vida expresse toda a sua variedade de formas e de manifestações de acordo com cada estação.

Assim também no cotidiano viverás, não poucas vezes, as variadas mudanças climáticas da emoção, sem que devas perder a linha direcional de conduta, e mantém-te harmônico e confiante.

Vens de um passado de desaires e de graves comportamentos, que se manifestam em consequências correspondentes ao significado e à intensidade de que se revestiram.

É natural, pois, que vivencies as experiências da reparação, que elimines os torpes efeitos que permanecem na expectativa da corrigenda para que se mantenha a harmonia do conjunto.

Não esperes, desse modo, que tudo esteja sempre conforme o teu sentimento, os teus interesses imediatos, tudo quanto te proporciona satisfações e gratulações que podem ser consideradas como recompensa.

Experimenta a alegria de testemunhar a tua fidelidade à Doutrina Espírita que te desvela esse Cristo-amor, que te enriquece de júbilos pelo conhecimento da verdade, que te investe do poder de amar e que te mantém durante a trajetória sempre bem-disposto e resoluto na construção do bem com harmonia íntima.

Nunca desfaleças na jornada, porque a "Irmã Dor" convidou-te a reflexões mais profundas, antes fortalece-te de modo a possuíres o tesouro da dignidade, para que a tua palavra esteja respaldada pelo exemplo e a tua conduta reflita como o espelho das águas do Genesaré a grandiosa epopeia do sermão do monte.

★

Canta sempre o Evangelho de Jesus com o selo da sua vivência, e não apenas com a memorização dos seus textos.

Aborda as páginas sublimes do Espiritismo com os sinais de mansidão e de humildade de quem as vive, diferentemente daqueles que as abordam preocupados pela forma, sem o timbre de quem as conhece por experiência pessoal.

Tesouros libertadores

A tua fé raciocinada fala-te a respeito da Grande Luz que te aguarda no final do túnel existencial.

Segue, intimorato, mesmo que tenhas os *joelhos desconjuntados*, as carnes dilaceradas e o coração envolto na melancolia do calvário, para o amanhecer surpreendente da tua ressurreição gloriosa em perfeita harmonia.

10

DESCONSERTOS EMOCIONAIS

Quando mantiveste os primeiros contatos com o Espiritismo, sentiste o deslumbramento que a boa notícia causou-te ao conhecimento e aos sentimentos necessitados de paz.

Toda a informação fez-te um grande bem, esbateu as trevas da ignorância, ampliou os horizontes do entendimento em torno da existência humana, acenou esperanças e conseguiu oferecer-te rumo seguro para a conquista da plenitude.

A convivência na sociedade que te acolheu aureoloute de emoções especiais de fraternidade e um doce encanto pelo serviço fraternal da caridade envolveu-te de maneira superior.

Sentias haver encontrado o caminho e pensaste que todos aqueles com os quais agora partilhavas os novos ideais eram realmente possuidores de condutas irreprocháveis.

Vias em tudo a presença dinâmica do Espiritismo, das suas concepções tornadas realidade em aplicação perfeita dos seus postulados renovadores.

Sorrisos e simpatias eram permutados, enquanto projetos de abnegação e de devotamento repletavam-te o mundo interior.

Conseguiste ver um novo Jesus Cristo, retirado da cruz da ignomínia para ser companheiro de jornada pelas estradas existenciais, ao lado da diluição dos dogmas humanos criados pela insensatez de teólogos, possivelmente atormentados.

As claridades divinas da mensagem dos imortais penetraram o teu íntimo e prometeste que serias fiel ao novo compromisso, que resistirias às tentações do mundo e aos seus encantamentos fúteis, porque agora conhecias os objetivos essenciais para o triunfo sobre as paixões perversas e dominadoras.

Aguardavas com ansiedade o momento de retornar à casa espírita, para continuar a aspirar a psicosfera de trabalho e de idealismo, com o esforço de viver a gentileza no trato com todos aqueles que a buscavam.

Substituíste o velho círculo de amigos levianos, cujos interesses estavam sempre girando em torno do anedotário chulo, das ambições desarvoradas do poder, do ter, do destaque, do prazer.

Percebeste, e isto comoveu-te muito, que existem emoções superiores, algumas singelas como as de oferecer um copo com água ao sedento, de distender uma côdea de pão ao esfaimado, um aperto de mão a alguém em desolação, um sorriso gentil a outrem dominado pela tristeza ou pelo sofrimento.

Redescobriste-te e te encantaste com o novo ser que passaste a ser, procurando preservar a sintonia com as Fontes espirituais, de modo a poderes haurir sempre a inspiração elevada e a conquistar forças para o desiderato empreendido.

Tesouros libertadores

O tempo foi transcorrendo, começaste a conhecer melhor os novos amigos, passaste a ouvir-lhes as queixas, a escutar-lhes as reclamações e a identificar que nem tudo era como percebias, mas que possuía uma outra face, a que estava oculta...

★

Diante da percepção de que o ser humano é o mesmo em todo lugar, em luta contra os conflitos e desaires, diminuíste o entusiasmo, começaste também a apontar irregularidades, a descobrir imperfeições, a anotar problemas, o que te desconsertou emocionalmente.

Esperavas, naturalmente, um grupamento angelical no qual todos se encontrassem além das dimensões humanas, portanto, vitoriosos no embate vigoroso contra as imperfeições morais e as inclinações doentias que ainda predominam em muitas naturezas humanas.

Agora te dizes decepcionado, até mesmo desiludido em relação àquelas pessoas que te foram gentis e te constituíram exemplos de bondade e de cordura.

Resmungas comentários desairosos, expressas-te com rudeza, acolhes informações malsãs, relacionas equívocos e pensas em desistir de participar das atividades generosas da caridade e do autoamor.

Com a intimidade natural da convivência, descobriste que no ambiente que te parecia harmônico existem grupelhos que se antagonizam, chefiados por *egos* presunçosos, que mal disfarçam ambições pueris...

Outrossim, aliaste-te a alguns que desejam renovação, aparentemente imbuídos de bons sentimentos e de ideais modernistas avançados.

Já não sentes o psiquismo saudável do ambiente como antes ocorria e culpas os diretores e a cúpula administrativa.

Dizes-te cansado e sem motivação para o prosseguimento no trabalho em que te engajaste, enquanto informas que os cooperadores são preguiçosos, hábeis dissimuladores, que mais desfrutam de fama do que de anonimato e de ações silenciosas.

Estás enganado na observação atual.

Realmente, a instituição espírita é um grupamento de pessoas em luta contra os próprios limites, em busca do autoburilamento, do crescimento interior, auxiliando-se umas às outras.

Existem sim, esses fenômenos desconcertantes e infelizes, porque, lamentavelmente, cada qual espera mais do outro, enquanto se deveria preocupar para ser o modelo e não para ter modelo para seguir.

Porque algumas pessoas são imaturas, irrefletidas e habituadas à convivência litigiosa, aonde chegam geram clima de hostilidade, de desconforto moral, mesmo sendo santuários em que se deveriam viver o amor e a comunhão com a Divindade.

Mas, nem por isso, os Espíritos nobres deixam de as assistir, porque reconhecem esse estado doentio dos que são muito necessitados e não se dão conta, sempre atribuindo os erros aos demais, enquanto se mantêm em posição de vigilantes da conduta alheia.

Torna-te o exemplo para que outros aprendam contigo, com os teus silêncios nobres, com a técnica de diluir a maledicência, de apagar a calúnia, de eliminar a intriga.

Faz-te amigo de todos, e se percebes alguém em erro, fora dos padrões do comportamento espírita, adverte-o com bondade e convida-o ao recomeço com nova disposição.

Não sejas vigia de ninguém, nem te tornes fiscal da conduta de outrem, quando muito tens a fazer em benefício próprio.

O *Reino de Deus* não tem aparências exteriores, conforme enunciou Jesus. Encontra-se ínsito no coração, de onde se espraia na direção do seu próximo.

Nunca desistas do bem, nem te permitas os desconcertos que representam inferioridade moral.

Com propriedade e sabedoria Allan Kardec asseverou que *"Reconhece-se o verdadeiro espírita pelo esforço que empreende para ser hoje melhor do que ontem e amanhã melhor do que hoje, lutando sempre contra as más inclinações."*

Ele não informou, portanto, que o espírita era um ser perfeito, mas um lutador contínuo em esforço profícuo pela autoiluminação.

Sai da desolação e volta ao trabalho, a fim de fazeres jus à definição do insigne mestre de Lyon.

11
TEMPESTADES DA ALMA

Sempre temíveis, as tormentas assolam as regiões por onde passam, deixando rastros de destruição, dor e morte.

Não obstante as calamidades a que dão lugar, em a Natureza tudo se renova, reverdece, volta à beleza original ou apresenta outros aspectos que foram moldados, continuando a paisagem conforme a programação estabelecida.

As tempestades na alma, porém, são mais rudes e clamorosas, por gerarem desconforto de grande porte, aflições que se tornam prolongadas e danos de difícil recuperação.

Ao inverso daquelas que são naturais, as psicológicas são o estourar dos conflitos refreados, malconduzidos ou mantidos na ignorância.

Quando acontecem, e isso sucede com frequência, convertem-se em processos autodestrutivos de pequeno e grande porte, conforme a sua intensidade, assinalando a existência humana com transtornos graves.

O Espírito, no seu processo de desenvolvimento ético-moral, periodicamente experimenta o estrugir de internas tempestades que o sacodem, como verdadeiras catarses de liberação dos resíduos infelizes que permanecem no inconsciente profundo e se vão transformando em venenos íntimos que se expressam como mal-estar, insatisfação, revolta, desajustes emocionais.

Mesmo nas pessoas sensatas e tranquilas ocorre o fenômeno quando algum incidente se transforma no gatilho que faz disparar o trauma oculto, necessitando de muita resistência moral para diluir o impacto, a fim de evitar desconforto naqueles com os quais convive, ou gerar estados interiores que se agravam com a sucessão do tempo.

O natural mecanismo evolutivo de natureza moral e espiritual do ser humano, infelizmente padece a injunção dessas forças ocultas, aquelas que, em ocasião própria geraram dissabores, perturbaram ou obscureceram a consciência, dando largas aos instintos primitivos que se apossaram da razão, e produzem desaires e angústias.

A reencarnação, no entanto, é o abençoado campo que conduz o infrator de retorno às áreas de combate malogrado, a fim de que novas experiências, agora edificantes, encarreguem-se de facultar-lhe a reflexão profunda, para poder reparar os prejuízos ocasionados.

Podem expressar-se, essas tormentas da alma, em arrependimentos e sensações de culpa de origem desconhecida, melancolia ou ansiedade, medos de aparência injustificada, inquietação e insatisfação afligente, que são os frutos espúrios da sementeira do ódio, da malquerença, da imaturidade psicológica ou mesmo da rebeldia sistemática.

Nada se dilui sem a contribuição do esforço pessoal daquele que gerou o desconserto na ordem universal.

O seu autor sempre volve ao campo da ação nefasta para a retificação dignificadora.

★

Tesouros libertadores

Quando te sentires desnorteado ou submetido a condições inquietantes, não transfiras para as demais pessoas as responsabilidades da ocorrência, supondo seres malcompreendido, submetido a perseguições ou padecendo injustamente castigos ou punições de origem divina.

Autoconscientiza-te da ocorrência, busca, nas paisagens da mente e do coração, as causas dos momentos inquietadores. Nos arquivos do perispírito encontram-se as matrizes de todas as ações das tuas existências pregressas, que aguardam a ação corretora, quando foram más, ou o prosseguimento das atividades, quando hajam sido edificantes os feitos.

O inconsciente humano pode ser comparado a um oceano imenso, sendo a sua consciência um pequenino barco quase à deriva ao sabor das ondas que emergem e o sacodem.

Sucede que a existência terrena é uma experiência de evolução sem limite e cada passo adiante deve sustentar-se em degrau de segurança, onde estejam estruturadas as conquistas significativas.

Como ninguém retrocede, a fim de anular na origem os males que praticou, torna-se-lhe necessário proceder agora com retidão de forma a vivenciar no futuro os resultados benéficos do comportamento saudável que se permitiu.

São as tempestades da alma, assim como as bonanças do coração que formam a personalidade do ser humano, programam-lhe a existência, impõem-lhe os recursos de reparação no primeiro caso, assim como as dadivosas oportunidades de ampliação de conquistas que facultam a execução da existência feliz.

De qualquer forma, é necessário bem canalizar as tormentas do coração, não se facultando prosseguir em descaminhos ou liberação das forças desastrosas, sob a alegação da falta de energias morais, de resistência para lutar contra o mal que se encontra enraizado no âmago do ser.

De essência divina, todos os Espíritos possuem tesouros inexplorados que aguardam a identificação, a fim de serem aplicados a benefício da elevação moral.

Toda ascensão exige esforço, e ninguém atinge o acume de um monte sem passar pelo vale sombrio e vencer acúleos, frinchas perigosas, paredões de aparência inacessível...

Os montanhistas examinam os desafios que os aguardam e tomam cuidados especiais de acordo com as dificuldades, para poderem enfrentar os obstáculos que os levarão ao ápice.

Há, porém, tempestades da alma que são sutis e, nem por isso, menos perigosas. Trata-se daquelas que podem ser disfarçadas, que dilaceram interiormente aqueles que as padecem, enquanto as suas vítimas deixam-se consumir, atuando de forma incorreta, enquanto lhes permitem a presença daninha.

Podemos identificar algumas como o ciúme, capaz de qualquer ação nefasta para atenuar a insegurança pessoal; a inveja, que corrói como ácido os sentimentos bons, sem qualquer esforço de superação; a intriga, sorrateira e cruel, que desagrega as afeições e fomenta lutas de inimizade; a calúnia covarde, que se esconde sob a máscara de sorrisos pérfidos... E muitas mais!

★

Tesouros libertadores

Embaixador de Deus para a transformação do mundo de provas e de expiações em planeta de regeneração, Jesus não trouxe qualquer tormento na alma.

Espírito de escol, a perfeição maior que é dada ao ser humano conhecer, conviveu com a sociedade do Seu tempo, dominada por intérminas tempestades da alma, nunca se permitindo qualquer anuência às tormentas que eram criadas pelos Seus inimigos, a fim de dificultar-Lhe a marcha de amor. Ensinou pela paciência e misericórdia, a melhor técnica de vencer esses torvelinhos íntimos: amar-se, inicialmente, para poder amar ao próximo, melhorar-se cada dia, até culminar no amor a Deus.

12

COMPORTAMENTOS PERVERSOS

Generaliza-se na mídia, a serviço dos interesses subalternos, a vulgarização dos sentimentos humanos, em muitos segmentos sociais, cada vez mais rebaixados em direção ao patamar das sensações primárias, que já deveriam estar educadas.

A apologia à insensatez e à perversão, que objetivam a desarticulação dos valores éticos, constitui a técnica de que se utilizam alguns líderes das massas, desequilibrados, para estabelecerem o caos moral no qual se rebolcam.

Hábeis na manipulação dos seus admiradores, apresentam-se como inovadores e propõem comportamentos agressivos que induzem as mentes juvenis e arrastam multidões de desavisados no rumo da perda de sentido psicológico elevado e ao abandono da dignidade como atavismo já superado.

Verberam contra os padrões da família tradicional, que acusam de abusiva e castradora, propõem a destruição dos laços da afetividade biológica, impeditivos da alucinação e do desgaste emocional a que se afeiçoam. É claro que, no passado, houve muitos erros nos comportamentos familiares, que devem ser corrigidos, mas nunca desprezadas as lições que legaram, dando lugar ao total desrespeito às regras do bem viver e do bem conduzir-se.

Materialistas confessos, porque portadores de conflitos graves não resolvidos, combatem com firmeza qualquer postura religiosa, considerando-a como ultrapassada, obsoleta.

Exaltam a drogadição e estimulam a promiscuidade sexual, para reduzirem as emoções à brutalidade das sensações primárias exaustivas.

No jogo das aventuras elegem ídolos em descontrole emocional, extravagantes e atormentados que são *devorados* pelas *máquinas* que os mantêm no topo, assim como pela imprevidência e imaturidade, ou mesmo pela exigência dos adoradores igualmente inquietos, que se cansam e mudam para novos deuses trabalhados pelo mercado das competições.

Nos seus encontros festivos o álcool e o tabaco associam-se à sensualidade demasiadamente estimulada pelo erotismo e consumada mediante o auxílio de substâncias químicas que os aniquilam em pouco tempo.

Sem rumo dignificante, logo se lhes manifesta o vazio existencial e, por consequência, a falta de objetivos significativos para a conduta ajustada aos compromissos sociais, ancestrais.

São estes, dias tormentosos que devastam a cultura, a arte, a educação, os ideais superiores, os investimentos espirituais e as esperanças em floração nas gerações novas.

Tem-se a impressão de que o caos substitui a ordem e a indignidade vence os sentimentos de honradez.

Concomitantemente, explode a violência cruel ceifando vidas que se preparavam para a conquista do infinito.

O suborno, a impunidade, a desfaçatez abraçam o poder e predominam, com as exceções compreensíveis, enquanto inviabilizam a construção da nova sociedade.

Tais ocorrências, no entanto, denotam o derrotismo da insânia moral e o desastre dos discursos da degradação que, logo mais, se apresentarão, permanecendo como funesta herança do primitivismo moral em que chafurdou o primeiro quartel do século da ciência e da tecnologia, esquecidas dos tesouros espirituais que se encontram em germe em todos os seres.

A exaustão, porém, já se apresenta nesses arraiais doentios da vacuidade humana e o tédio estabelece moradia nas paisagens torpes dos seus apregoadores.

É inevitável o progresso intelecto-moral da Humanidade.

Atingido o primeiro lance, o do conhecimento, logo surge o de natureza emocional íntima, a redescoberta dos princípios saudáveis e responsáveis pela plenitude...

★

Observa-se um novo renascimento nas artes em diferentes expressões.

Nobres cientistas fascinados com as descobertas que vêm defrontando, retornam a Deus e à fé religiosa.

Espíritos nobres do passado renascem com a missão de promover a beleza e os encantamentos pelas manifestações simples e enriquecedoras da vida em harmonia com a Natureza.

O amor abandona os desvãos da sensualidade para onde foi empurrado na direção dos pântanos dos comportamentos perversos e ressurge nas grandiosas manifestações da gentileza, da amizade pura, da abnegação, do sacrifício pelo bem, pelo belo, pela elevação espiritual do ser.

Sucedem-se diversas manifestações da alegria sem entorpecimento nem dependências tóxicas e reaparecem, desafiadores, novos líderes do progresso sem jaça.

Na grande crise de recursos transcendentes, a dor campeia e impulsiona aqueles que lhe padecem a injunção à busca de instrumentação que os capacite a alcançar a vitória sobre eles mesmos, num renascer de bênçãos esquecidas: a paz, a lídima fraternidade, a irrestrita confiança, o bem-estar natural.

A sociedade que perdeu o rumo, estertora, e os duendes que contribuíram para o imenso desar, desfalecem, enlouquecem, passam e são esquecidos...

Lamentavelmente, perderam a oportunidade de autoiluminar-se, mutilando os preciosos sentimentos morais de que dispunham e não souberam ou não quiseram valorizar ou preservar.

Como efeito próximo e imediato, já se pode perceber um novo amanhecer nos céus plúmbeos da Humanidade: expressivo número de missionários do bem e da verdade, dignificando as horas que transcorrem e, por sua vez, atraindo a imensa mole dos inseguros, dos que sofrem, dos que perderam o rumo, dos construtores do futuro...

★

Jesus conduz a marcha da sociedade terrestre no rumo da plenitude.

Seus emissários reencarnados e desencarnados trabalham incessantemente pela renovação emocional e espiritual das criaturas que se entregaram aos comportamentos perversos e agora, tocadas pelo Seu inefável amor, oferecem-se-Lhe para a redenção pessoal e geral, sem qualquer resistência.

13

A BÊNÇÃO DO SOFRIMENTO

Acompanhas o deperecer das forças do ser querido, que a enfermidade vitima silenciosamente, roubando-lhe as energias que antes ofereciam movimento e saudável alegria.

Agora, contemplas o corpo debilitado, assinalado pelas dores que o consomem, ora em delírio, fruto da enérgica medicação que lhe faz diminuir de intensidade, noutros momentos a débil lucidez que o faz reconhecer o estado de fraqueza em que se encontra.

Anelas que os sofrimentos sejam diminuídos, e perguntas a razão pela qual a admirável máquina orgânica, rica de potencialidades e capaz de produzir tantas realizações edificantes, de um para outro momento é devorada por peculiares limitações, desconsertos, em marcha irrefreável para o fenômeno da morte.

Observas como experimentam aflições alguns Espíritos nobres e gentis, que trabalham em favor do bem e cultivam os ideais de edificação e da caridade, enquanto outros, que se dedicam ao mal e preservam sentimentos destrutivos permanecem em irretocável estado de saúde ou desencarnam sem a presença das dores angustiantes.

Não é raro inquirires, por que coisas más acontecem a pessoas boas?

Esses fenômenos, porém, fazem parte do processo da evolução e constituem desafios que facultam o crescimento espiritual do ser.

O sofrimento, do ponto de vista espiritual, é uma verdadeira *bênção que Deus oferece aos Seus filhos*, a fim de proporcionar-lhes o desenvolvimento dos tesouros divinos que lhes permanecem em germe, liberando-os das heranças ancestrais que o capacitaram a alcançar o estado de humanidade.

Naturalmente que aqueles que hoje são bons, nem sempre o foram, e ora resgatam os lamentáveis enganos de jornadas pregressas, nas quais se comprometeram de maneira infeliz, escrevendo a trajetória pela qual hoje peregrinam.

Sucede que as Leis Soberanas da Vida são feitas de amor e de justiça irrefragáveis, e ninguém as burla sem sofrer-lhes as consequências.

Por outro lado, aqueles que hoje permanecem na indiferença ou se comprazem em gerar dificuldades para o seu próximo, desfrutando de alegrias e concessões que parecem não merecer, estão dispondo da oportunidade de produzir e de despertar os sentimentos elevados que jazem entorpecidos pela inferioridade na qual ainda se encontram...

Volverão ao proscênio terrestre oportunamente, e serão considerados bons, experienciarão as aflições que soam como injustas.

Bendize, desse modo, a dor do ser querido, neste momento de testemunho e de elevação moral, porquanto ela é a benfeitora anônima, a mensageira do Amor de Deus em favor dos Seus filhos.

Tesouros libertadores

★

A árvore que não suporta a tempestade na fase de crescimento, não adquire resistência para manter-se ereta e resistente às intempéries.

Os metais que não experimentam a ardência da fornalha, são facilmente carcomidos pela oxidação.

O diamante que não passa pela dureza da lapidação, permanece como escuro carvão destituído de qualquer beleza, impossibilitado de refletir a magnitude das estrelas.

O barro, aparentemente imundo, que não experimenta o calor da madeira em combustão, permanece informe, não possuindo força para preservar as formas belas e de utilidade que lhe dão as operosas mãos do oleiro.

A pedra que não rola ao sabor das águas do córrego, não logra arredondar-se, adquirindo especial aparência.

Tudo no Universo é resultado de incessantes transformações.

A estrela refulgente que deslumbra é massa ígnea de elevada temperatura, assim como a dádiva da luz do Sol e da sua irradiação resulta da consumpção da matéria em energia...

Vegetais, animais e seres humanos também são modelados na fornalha que lhes consome as formas, a fim de adquirirem a beleza transcendental a que o Criador lhes destina.

Nunca reajas com rebeldia à sublime experiência do sofrimento que te modela interiormente, demonstrando-te, por um lado, a transitoriedade da aparência material, ao tempo em que te prepara para a perenidade da vida além da disjunção molecular, pelos infinitos roteiros da imortalidade.

Renasceste para redimir-te dos equívocos e disparates que te permitiste nas experiências transatas.

A dor daquele a quem amas é mensagem oportuna e advertência aos teus sentimentos, e falam-te sem palavras que não permanecerás indene a equivalente processo iluminativo.

Preparas-te para a construção do Reino de Deus no próprio coração, de modo que, se estiver na divina planificação um testemunho equivalente para ti, estejas em condições de enfrentá-lo com elevação e alegria, tendo em vista os benefícios que te advirão pelo sublime resgate.

E se, por acaso, fores convocado ao retorno, inesperadamente, sem o contributo da bênção do sofrimento na etapa final, por certo não estarás isento de o experimentares além da cortina da névoa carnal...

A existência material é concessão do Celeste Amor para o aprimoramento do Espírito.

Aproveita toda e qualquer oportunidade para te edificares interiormente, valorizando a dádiva da saúde, assim como do conhecimento libertador, de modo que te transformes em exemplo de paz e de trabalho na ação imorredoura do bem.

★

Mesmo Jesus, o Crucificado sem culpa, experimentou o sofrimento, a fim de ensinar pelo amor, que somente através da autodoação total é que se alcança a plenitude.

Toda a Sua existência na Terra foi assinalada pela sabedoria mediante o amor, a caridade, a misericórdia e o sacrifício pessoal. Nada obstante, não recalcitrou ante a dor

Tesouros libertadores

que Lhe impuseram os infelizes e desditosos, ensejando-Lhe a máxima sublimação para que todos Lhe pudessem imitar e agradecer, entregando-se-Lhe em regime de totalidade.

14

O PENSAMENTO

Filósofos do passado e do presente, na sua grande maioria, assim como fisiologistas, anatomopatologistas de ontem e neurocientistas de hoje, informam que o pensamento é somente uma emanação cerebral que se consome com a desagregação neuronial.

Infelizmente ainda confundem a máquina em relação ao seu utilizador.

Como é compreensível, a desorganização dos equipamentos impede a correta produção que o instrumento é capaz de oferecer, o que, no caso em pauta, implica a ausência do ser espiritual, que é o agente da vida.

Sem qualquer dúvida, o pensamento se exterioriza através dos veículos da mente, que é atributo do Espírito.

As notáveis experiências dedicadas ao estudo da ação do pensamento além da emissão da onda inteligente, demonstraram a produção de movimentos na matéria bruta ou sensível, como nos casos da psicocinesia ou transportes sem contato humano, tanto quanto nos formidandos fenômenos de telepatia, de precognição e de retrocognição...

O pensamento é portador de uma carga de energia que o qualifica, simultaneamente, como positivo e negativo, interferindo nos relacionamentos humanos conforme as faixas vibratórias em que se expandem.

Aqueles que são de natureza doentia, pessimista, rancorosa, tanto quanto prejudicam quem o cultiva quanto produz ressonância perniciosa na pessoa contra a qual é dirigido.

Muitas experiências de laboratório têm comprovado o seu efeito avassalador sobre plantas, animais, crianças e pessoas outras fragilizadas física e emocionalmente.

O inverso é igualmente verdadeiro.

Quando, por exemplo, uma euforia, um bem-estar, um vigor assaltam o indivíduo que recebe os influxos mentais de afetos, de respeito, de gratidão, assim o mesmo acontecendo com as plantas e os animais deixa-os mais vivazes porque amados e enriquecidos pelas incessantes ondas de simpatia e de ternura daqueles que os hospedam no coração e cuidam.

Muitos distúrbios de comportamento psicológico procedem da aceitação da sintonia do paciente com pensamentos odientos, invejosos, perseguidores, carregados do morbo do ódio, da inveja, do despeito...

Ao agasalhar essas descargas que lhes são direcionadas pelos infelizes, as pessoas terminam por sentir-lhes os efeitos danosos no seu conjunto vibratório, danificando-o.

Se, por acaso, a vítima dá-se conta e reage no mesmo tom, pior se torna o dano porque passa a retroalimentar-se dos tóxicos e vapores viciosos conduzidos pela corrente mental.

O melhor antídoto para esse mal é o envolver-se nas ondas sublimes da oração, precatando-se dessa interferência nefasta que percorre os espaços, direcionados ou não a determinados alvos.

Tesouros libertadores

Jamais responder na mesma faixa de resistência, pois que se faria mais forte o intercâmbio destruidor.

No sentido oposto, o pensamento edificante é rico de energias benéficas que sustentam os campos vibratórios de quem as capta, mas essencialmente daquele que as emite por originar-se nas Augustas Fontes do Amor Universal.

O pensamento é uma força dinâmica natural que sempre está em ação, desde que a criatura humana normal não pode viver sem o emitir.

★

Toda vez quando sentires inusitada emoção de empatia que te envolva, de alegria espontânea sem motivo aparente, de conjecturas otimistas, de planos edificantes, estás sob a ação de pensamentos bons e saudáveis. Procedem de mentes afetuosas que te abarcam em simpatia e afabilidade procedentes de afetos encarnados ou dos teus guias espirituais.

Aproveita-os, concentra-te e fixa-os, a fim de que te vitalizem e permaneçam como carga de nutrição para outros momentos menos venturosos.

No sentido oposto, quando te sentires confundido, em perturbação mental ou desconforto emocional, encontras-te sob descargas negativas que deves diluir, recorrendo à prece, às leituras agradáveis, a fim de renovares as paisagens mentais.

De igual maneira são emissões, essas, porém, morbíficas, de desafetos físicos ou espirituais que são inamistosos em relação a ti e comprazem-se com as tuas aflições.

Ora por eles, tem paciência, renova-te e não guardes qualquer tipo de ressentimento.

O Evangelho alude que *a fé remove montanhas*, o que decodificado pode significar a força do pensamento, que é a saudável exteriorização do desejo mental fixado num objetivo.

Crimes hediondos são arquitetados na mente em desalinho e pervertida dos sociopatas.

Ideais de santificação e progresso da humanidade têm sua gênese na elaboração mental de quem opta por amar e servir.

O Universo é obra do pensamento do Criador, que a todos os seres humanos dotou da mesma energia neutra inicialmente, a fim de que o livre-arbítrio de cada qual direcione-o conforme o seu nível moral, beneficiando-se, enquanto ajuda, ou comprometendo-se ao ficar encarcerado no mal.

Pensa e reflexiona na ideia mental perversa ou vã, e a futilidade, bem como a ausência de sentido existencial se te aninharão no imo, levando-te ao desencanto, ao tédio ou a aflições sem nome.

Pensar bem ou mal é resultado de treinamento que se transforma em hábito.

★

Jesus asseverou com veemência: *Tudo quanto pedirdes ao Pai orando, Ele vos concederá.*

Certamente, se solicitares bênçãos com o pensamento em prece, jamais deixarás de as receber.

A energia mental canalizada pela oração alcança os centros de captação universal e produz-se a ligação vigorosa entre o orante e o Supremo Ouvinte.

15
FIDELIDADE

A qualidade máxima de ser fiel é a transparência do caráter, através do qual a conduta externa é a representação natural dos pensamentos e anelos interiores do indivíduo, sem a utilização de qualquer máscara que lhe disfarce os sentimentos.

Certamente, não será uma atitude correta desvelar os pântanos da alma, comportar-se de maneira extravagante em razão dos conflitos e atrasos emocionais.

Referimo-nos à autenticidade da forma de viver, sempre compatível com as elevadas expressões da dignidade e da retidão.

Vive-se, na Terra, o período da ilusão, da aparência, ao qual se dá relevante importância, em detrimento do ser e do esforçar-se por conquistar patamares morais seguros e mais elevados.

Há uma verdadeira alucinação em torno do consumismo, da banalidade, do mesmismo, em contínuo banquete da futilidade em todos os momentos.

A exibição de tudo predomina, desde os esdrúxulos e patológicos comportamentos até os aberrantes e chamativos, em tentativas inúteis de disfarçar-se os grandes dramas que assolam as consciências e de forma agressiva voltados contra a sociedade em processo de transferência de responsabilidades.

Os ases bajulados nos esportes, no teatro, no cinema, na televisão, na comunicação virtual, assim como os líderes políticos, religiosos, do pensamento filosófico e científico, os astros da fama transmitem a impressão de que lograram a felicidade ao conquistarem o topo anelado. Não exteriorizam, porém, a perda do sentido psicológico da existência, os tormentos íntimos e os pavores de perderem o lugar em que se encontram, acompanhando a decadência dos que os precederam e cederam-lhes o espaço.

Os afortunados que acumularam somas fantásticas como sua meta existencial, usufruem dos recursos em festivais de extravagâncias enquanto a miséria de centenas de milhões de criaturas outras os espiam magoadas e em condições quase sub-humanas...

Distraem-se com os tesouros que consomem em caprichos vãos, que os não impedem de experienciar ocultamente receios e solidão, ansiedades e insatisfações, porque desvendar-se não seria *politicamente correto*.

Dão a impressão de que são inalcançáveis, eternos no corpo, e quando as doenças que a todos alcançam, a velhice, mesmo dourada, os vencem e a morte se lhes aproxima, caso não suceda antes, descobrem-se vulneráveis e frágeis como aqueles que desprezaram...

Certamente, nem todos os triunfadores terrestres agem dessa forma, constituindo as dignificadoras exceções.

★

A verdade é ainda detestada entre muitas criaturas humanas.

Tesouros libertadores

Por isso, a fantasia insinua-se-lhes desde a infância, cultivada com desvelos por genitores invigilantes que parecem cuidar de sonhos, imaginando que os filhos são príncipes épicos e anjos dos céus descidos, mantendo-os nesse engodo, sem os preparar para a realidade existencial.

Ocultam-lhes os caminhos da dignidade, da mesma forma que lhes furtam a infância, disfarçando-os como personalidades famosas para atenderem as próprias frustrações e os bem-guardados desencantos.

Acostumadas essas existências aos equívocos da ilusão, aprendem com rapidez a dissimular, a ocultar os sentimentos legítimos, a vestir-se nos modelos em voga, atravessando a juventude, ora com violência, noutras ocasiões com os estados fóbicos e depressivos.

A verdade, porém, tem urgência em todos os períodos do desenvolvimento intelectual e moral do educando.

Necessitam de orientação e assistência, a fim de melhor entenderem desde as manifestações sexuais que os aturdem às variadas facetas do comportamento pessoal, assim como da sociedade em geral.

Não se trata de brutalizar a consciência infantil, de sobrecarregar as suas emoções em desenvolvimento, mas de acompanhar-lhes e ajudá-los a entender as naturais inquietações, de esclarecê-los sem tinturas nem disfarces.

Na época da comunicação virtual, dos jogos eletrônicos e de toda uma parafernália tornada essencial à existência, em que a criança é treinada e realiza todos os trâmites com habilidade, não há como temer-se a sua falta de capacidade para ser transparente, para conviver com a verdade.

Os desastres morais cujas estatísticas assustam, transformados nas tragédias do quotidiano, tornam-se vulgares e o excesso da criminalidade já não choca, porque se vive o mundo da aparência. Nada obstante, a dor campeia terrível vencendo as multidões que se lhe entregam inermes.

Jesus enunciou com singular veemência: – *Buscai a verdade e a verdade vos libertará.*

Somente através dos verazes pensamentos as palavras se tornam honestas e os atos corretos.

Os poderosos da Terra, que campeiam no crime quase tornado legal e moral, não escaparão de si mesmos, por conduzirem o sinete da Justiça Divina fixado na consciência que não permanece obnubilada para sempre.

E o despertar para o real é mais angustiante do que se pode imaginar.

Eis, nesse despertar, muitas vezes, as raízes das fugas espetaculares para a embriaguês dos sentidos, das alucinações produzidas pelas drogas, das devastadoras depressões defluentes dos traumas não resolvidos, do suicídio.

O hábito de ser fiel às ocorrências é adquirido mediante a transparência moral e o acolhimento natural da verdade.

Dessa maneira simples podem-se banir da Terra males incontáveis: a mentira, a calúnia, a traição, o furto e o roubo, as tramas que desgraçam a Humanidade, as armas agressivas, as guerras...

Tudo isso ocorrerá mediante a fidelidade ao que acontece, à vida conforme se apresente.

Aquele que opta pela ilusão da mendacidade perde o contato com a realidade, desama-se, porque embora finja ser diferente sabe da própria indignidade.

A verdade é cristalina e responsável pelo bem-estar, pela harmonia do ser humano.

Tesouros libertadores

Nada teme aquele que é fiel, que se nutre do conhecimento real e vive sempre livre de quaisquer amarras.

No sentido oposto, a culpa, que é semelhante a uma ave agourenta, cobre com suas negras asas a consciência e o equivocado tropeça na treva da própria inconsequência.

★

Sê veraz em todos os teus atos.

Melhor perder por ser fiel do que lucrar mediante os deploráveis comportamentos da indignidade.

O importante não é falar e agir para agradar, mas contentar e esclarecer pelo conteúdo da verdade do que se expõe e se vive.

Recorda os vultos da História e analisa-os com a visão da transparência.

Passaram, deixaram as suas marcas e sobreviveram à morte, retornaram várias vezes ao proscênio terrestre em vestimentas dolorosas para corrigir os caminhos, reparar os crimes, recomeçar e serem fiéis por fim.

Evoca Pilatos, o sumo sacerdote do Templo de Jerusalém e Jesus!

Ser-te-á fácil constatar o triunfo da verdade e a desventura da aparência, que a morte consumiu.

16

ESPERANÇA DE PAZ

Sem dúvida, causou espanto à soberba Jerusalém, a estranha entrada daquele Homem pela sua porta principal aclamado como *Rei dos Judeus*. No mínimo, era algo inusitado, chocando pela sua originalidade.

Ao invés de cavalgar um ginete vistoso com arreios trabalhados em metais preciosos, Ele se utilizava de um dócil jumento cuja altura quase permitia que os Seus pés se arrastassem pelo solo pedregoso.

Os exaltados acompanhantes eram pessoas simples da Galileia desdenhada e alguns desocupados das redondezas que, jubilosos, erguiam palmas verdes, quando os grandes conquistadores são anunciados com clarins brilhantes e fanfarras que lhes exaltam o orgulho e a prepotência.

Surpreendidos, os transeuntes olhavam a estranha e singular passagem do grupo com sorrisos de ironia, naquele verdadeiro simulacro de desfile tendo à frente o Conquistador.

Estavam acostumados aos de natureza militar, aos realizados por Pilatos e sua coorte, assim como os do sumo sacerdote e dos seus bajuladores ajaezados de gemas preciosas, os dos visitantes ilustres e dos seus séquitos deslumbrantes, que diferiam totalmente daquele grupo ingênuo e quase atrevido.

Sucede, porém, que o Visitante representava um Reino incomum, que ficava muito além das dimensões físicas, que desdenhava as fantasias convencionais e se instalava somente nos corações.

Os Seus símbolos eram a humildade e a compaixão, desconhecidas pela quase totalidade dos habitantes da cidade, a fim de que todos que O aceitassem encontrassem vida em abundância.

Os outros, os que brilhavam com as suas armas e instrumentos de destruição, fomentavam guerras, misérias, consumpções de vidas, sendo transitórios como tudo que se lhes diz respeito.

Anunciado pelos profetas antigos, especialmente Isaías, quase oito séculos antes, permaneceria para sempre, enquanto os outros, ameaçadores, logo eram substituídos por personagens não menos cruéis, que triunfavam por um dia, o túmulo silenciava e o mundo esquecia...

Israel, especialmente os zelotas e os fariseus, anelava pelos poderes da transitoriedade, os odientos vencedores que o libertassem da sujeição romana, tão inclementes quanto o seu dominador detestado. E, por esse equívoco lamentável, não considerou Jesus, crucificando-O com o apoio impenitente da águia devoradora, que O detestava com todas as veras do coração. Entretanto, o colossal império esboroou-se, permanecendo em destroços de monumentos grandiosos arrebentados, túmulos vazios e memórias insanas...

★

Há muito pessimismo nas criaturas humanas a respeito do próprio futuro na Terra encantadora das ilusões, dos intermináveis festejos e desfiles de triunfadores que logo desaparecem.

A decadência moral que assola é semelhante àquela que corroeu o império triunfante, e as dores que atormentam os sorridentes da atualidade, na maioria em esgares de desespero, repetem os sinais do destroçamento dos valores aplaudidos e das glórias conquistadas.

Sem demérito para as indescritíveis realizações e vitórias do pensamento sobre a rudeza do primarismo, ainda predominam as paixões asselvajadas do vandalismo e as suas consequentes cargas de desalento, amargura e sofrimentos implacáveis.

As estatísticas do suicídio e da violência atingem índices quase inimagináveis na civilização moderna, tornando este o *século da depressão* e das calamidades dos sentimentos, apontando como solução para o tremendo caos, o retorno ao amor, à humildade, aos comportamentos de simplicidade, quais os daquele Vencedor que se adentrou pela orgulhosa Jerusalém, desataviado e simples...

A Sua mensagem enunciada no monte, mais tarde denominada como das *bem-aventuranças*, não silenciou na tarde tempestuosa da cruz, prosseguindo em sinfonia de rara beleza, a partir da madrugada do terceiro dia quando Ele ressuscitou.

Há esperanças de paz e de plenitude nos céus do futuro da Humanidade, aguardando os seus realizadores.

Faze-te mensageiro da Sua imorredoura melodia de amor.

Deixa-te penetrar pela doce magia da Sua permanente presença e, inebriado pela Sua beleza e bondade, desvela-O ao mundo alucinado, que ainda procura um líder para conduzir as aturdidas criaturas ao Reino da Harmonia.

Renova-te com as reflexões da Sua Boa-nova de alegrias e canta nos teus atos a balada da esperança, anunciando que estes dias logo passarão, conforme sucedeu com aqueles ensombrados períodos...

Estás chamado para contribuir em favor da instalação do Reino de Deus na Terra e, sem qualquer receio, faze a tua parte.

Esquece, por momentos, as ambições infantis e cresce espiritualmente na direção da plenitude, enriquecendo-te de alegria por conhecê-lO e amá-lO.

Jamais te arrependerás pela opção de continuar no mundo utilizando-te do jumentinho do corpo com simplicidade e ternura, ao invés do ginete poderoso que representa as glórias da mentira e da fantasia.

Se anelas pela harmonia, pela saúde e pela plenitude, entrega-te definitivamente a Jesus.

Se já O encontraste, vive-O de tal forma que Ele chame a atenção de todos através de ti.

E se ainda não te deixaste vencer pelo Seu inefável querer, para e rende-te, na esperança-certeza de que com Ele conseguirás a vitória interior que te plenificará e proporcionará felicidade ao planeta que Ele comanda.

17

CORAGEM

A coragem do indivíduo é sempre avaliada pelas suas resistências morais. Se há debilidade de forças interiores, o sofrimento e os desafios da evolução causam-lhe fortes transtornos emocionais, orgânicos, e, muitas vezes, geram-lhe desequilíbrios psiquiátricos. No entanto, se as resistências íntimas possuem capacidade de enfrentar os problemas que mais o amadurecem e o tornam mais vigoroso, as ocorrências afligentes e perturbadoras são suportadas com altas doses de resignação e de valor.

A verdadeira coragem radica-se, desse modo, nos tesouros ético-morais que constituem a organização espiritual do ser humano.

Indispensável treiná-la como ocorre com qualquer outra faculdade que exorna o Espírito, mantendo a vontade de prosseguir nos exercícios da reflexão, da prece ungida de autoamor e de amor à Divindade, de cuja Fonte fluem todas as energias necessárias ao crescimento íntimo.

A coragem ante os fenômenos existenciais, bons e afligentes, torna-se de inestimável significado, por proporcionar bem-estar e alegria de viver, mesmo quando as ocorrências podem ameaçar a harmonia.

Nesse capítulo, destaca-se a coragem da fé, que mantinha os mártires com elevada resignação ante as injunções penosas a que eram submetidos, fato que prossegue em todos os tempos, como desafio àqueles que abraçam os ideais de enobrecimento e de dignificação da sociedade.

Em razão das heranças ancestrais, quando o Espírito se permitia o luxo da vulgaridade e do crime, as energias morais eram defluentes da agressividade e do orgulho, do *ego* enfermiço e das paixões vis.

À medida que consegue melhorar-se e se aprimora, aquela força perversa transforma-se em decisão nobre de soerguimento, e mediante o querer com acendrado interesse converte-se em vigor, que é a coragem para os autoenfrentamentos e as agressões externas do meio ambiente e do social.

Sempre que o esforço coroa-se de êxito em pequenos embates, mais se amplia o quadro de resistências morais, o que favorece o Espírito com decisão para avançar resolutamente pelo caminho elegido na busca da sublimação.

É comum acontecer a perda do ânimo, quando falece a coragem diante dos desafios existenciais, debilitando mais o ser que se deve erguer do aparente fracasso, que, afinal, é uma experiência evolutiva enriquecedora.

Ninguém consegue atingir a culminância de qualquer tentame se não persistir na ideia e na ação.

Através do erro alcança-se o comportamento correto, sendo, isto sim, oportuno, jamais desistir, contando com a certeza do triunfo que somente acontece quando se persiste na atividade.

Quem alcançou a plenitude não o fez por passe de mágica, senão mediante o esforço bem-direcionado para o objetivo mantido pela mente.

Tesouros libertadores

A coragem, portanto, impõe-se como equipamento de emergência para a autorrealização, para a conquista da plenitude.

★

Nunca te consideres destituído de coragem moral, porque ainda não foste alcançado pelos testemunhos, não enfrentaste situações agressivas, ao recear, por antecipação, a sua ocorrência.

O temor de um momento desaparece quando se faz imperiosa a decisão de enfrentar o inevitável, com demonstração de que há reservas de recursos morais e espirituais que são desconhecidas, exatamente por falta de oportunidade para manifestar-se.

Nos grandes combates surgem os heróis, que, não poucas vezes, são pessoas anônimas e simples, que jamais acreditavam poder superar os medos íntimos e agir de maneira correta.

A timidez invariavelmente conspira contra a coragem, dando ideia de fraqueza moral, mas quando desafiada pelos acontecimentos, cede lugar à intrepidez e à valentia da dignidade, com desempenho saudável no enfrentamento dos combates.

Desse modo, nunca se deve permitir o comportamento de subestimar-se a capacidade de luta e a coragem para a preservação da existência digna e saudável.

Quando realmente se deseja algo, fazer e produzir, muito mais fácil e exequível torna-se o empreendimento.

Ao manter-se uma atitude de injustificável receio, autocombatem-se as energias que poderiam ser canalizadas de maneira positiva, sem a diminuição da resistência de que se constituem.

Todo aprendizado é feito por etapas que se sucedem, o que faculta maior facilidade para a aquisição de novas experiências iluminativas e libertadoras.

É certo que o Senhor não direciona fardo com maior peso para as pessoas que não possuem resistências morais.

Ocorre que, facilmente, o indivíduo que se sente vitimado e não está acostumado à luta, foge para a autocompaixão e se esconde entre os fantasmas do medo, quando lhe é imposto o dever de lutar e superar a situação adversa.

Antigo adágio popular ensina: *Faze da tua fraqueza a tua força e vencerás.*

Todo milagre é resultado de forças que se conjugam em harmonia para a ocorrência ditosa, em perfeita sincronicidade cósmica e espiritual.

Cresce, portanto, na direção do trabalho, do esforço pessoal, para tornar-te melhor, mantém a alegria de poderes produzir, não te permitas a tibieza cômoda de aceitação do insucesso, sem a tentativa da luta em favor do êxito.

Quanto mais sucesso se alcança em cada tentativa que se coroa de bênçãos, mais se desenvolve a coragem para novos empreendimentos evolutivos.

A vida exige mais daqueles que a amam, que se permitem autorrealização, que laboram em favor do mundo melhor e mais ditoso.

★

Quem visse aquele Homem de aparência frágil, tombado sob o peso da cruz, não poderia conceber que se tratava do construtor do planeta terrestre, que suportaria a crucificação com altivez, sob dores atrozes e destrutivas, alcançando o clímax do Seu ministério com o brado de perdão aos que se Lhe fizeram inimigos.

Treina a coragem em qualquer situação, cresce sob o peso da tua cruz de rosas e perfuma a estrada que percorres até alcançares a culminância na vitória sobre a própria fraqueza.

18

A CONSPIRAÇÃO DO SILÊNCIO

Na Antiguidade ficava envolta em mistérios, somente acessíveis aos iniciados, constituindo a doutrina secreta ministrada nos templos por sacerdotes especializados.

Sempre quando se fazia revelar, de imediato era oculta à curiosidade popular e, muitas vezes, mantida em segredo, de que se utilizavam muitos para a exploração ignóbil, tornando-se seus intérpretes, porém, de acordo com os próprios interesses.

Condenada por inúmeros governantes e temida por incontáveis deles, era manipulada pela astúcia e habilidade de mistificadores que exploravam a credulidade geral, mediante ameaças ou liberação de penas que eles próprios elaboravam, a fim de inspirar temor e respeito.

Mesmo com o advento da mensagem de Jesus, os Seus adversários denunciavam-na como interferência demoníaca, e teimavam em ignorar a sua legitimidade, assim comprazendo-se na irresponsabilidade.

Depois de Jesus, passou a ser objeto de teólogos nem sempre honestos e convictos da sua realidade, para envolvê-la em fantasias do sobrenatural distante do elevado significado de que se reveste.

Durante longo período na noite medieval foi severamente perseguida, sem que a perversidade dos insanos inimigos conseguisse diminuir-lhe o brilho e a fascinante significação.

Ao Espiritismo coube o elevado mister de desvelá-la, tornando-a anelada e oferecendo as diretrizes austeras e seguras para a conquista dos benefícios dela advindos durante a existência planetária.

Evocando-a na ressurreição triunfante de Jesus após a dolorosa crucificação, a imortalidade do Espírito é a mais grandiosa revelação do conhecimento humano, que proporciona esperança e alegria de viver.

Por mais que os amigos desejassem acreditar que Ele voltaria do silêncio do túmulo, após a morte infamante, ei-lO glorioso, a irradiar mirífica luz, que demonstraria ser Ele o Senhor dos Espíritos e o Guia da Humanidade.

Embora a ignorância e a má-fé de incontáveis personalidades que se iludem com a transitoriedade carnal, a imortalidade é a vida que se encontra ínsita em todos, seja na frágil organização física ou na deslumbrante libertação mediante o fenômeno inevitável da desencarnação.

A ruptura da conspiração do silêncio em torno da *vida além da vida* orgânica, oferece a certeza do sentido psicológico superior da existência terrena, como escola de aprimoramento moral e objetiva a plenitude a que todos aspiram.

Impossível, portanto, silenciar a verdade e impedir que os imortais comuniquem-se com as criaturas humanas, a fim de adverti-las e orientá-las quanto ao significado existencial.

Tesouros libertadores

★

Embora alguns subterfúgios, que ainda permanecem em torno dos vigorosos fenômenos mediúnicos que atestam a sobrevivência do Espírito à desagregação molecular, uma nova consciência surge na sociedade com a finalidade de contribuir significativamente para a conquista do bem-estar permanente, para a superação do medo da morte.

Desmistificada, ao invés de significar a fatalidade aniquiladora, torna-se o anjo libertador do fardo do sofrimento e faculta o voo pleno pelo infinito.

O limite a que se está acostumado, durante a jornada berço a túmulo, amplia-se, ante a visão majestosa do Universo, com os seus sextilhões de astros, que são outras tantas *moradas da Casa do Pai.*

Incontestavelmente, uma existência corporal é insignificante ante a magnificência do Cosmo, de modo que a aceitação desse pequeno périplo diminui a majestade do Criador.

Lentamente, pois, e com segurança, a conspiração do silêncio em torno da imortalidade cede lugar à convicção da vida após o túmulo, graças à fenomenologia mediúnica presente em todos os segmentos da sociedade.

Ao mesmo tempo, o sofrimento que alcança todos os indivíduos, após as jornadas pelos gabinetes da ciência encarregada de atenuar-lhes a dor e diminuir-lhes o desespero, encontra nas nobres elucidações espíritas o reconforto e o ânimo para os enfrentamentos que decorrem das condutas antes vivenciadas, conforme elucida a reencarnação.

As psicoterapias transcendentais ora aplicadas encontram na imortalidade do Espírito e nas suas várias reencarnações os recursos valiosos para os transtornos de comportamento e os de natureza mental, por elucidar a anterioridade da vida ao corpo atual, quando foram assumidos compromissos ultrajantes que agora têm necessidade de ser reparados.

Nada acontece quando não existe uma causa anterior.

A Lei, portanto, de Causa e Efeito, que responde pelos acontecimentos felizes ou desditosos que têm lugar no mundo de hoje, como no de todas as épocas, convida o ser humano à responsabilidade lúcida e consciente por necessidade de despertar para a própria realidade.

Já não há tempo para o escamotear da verdade, quando a comunicação virtual e o conhecimento de algumas leis universais deslumbram todos aqueles que se permitem o esclarecimento e buscam a libertação das algemas da intolerância de qualquer natureza, assim como da castração espiritual ainda vigente em algumas doutrinas religiosas.

Este é o momento do autoencontro, da autoconsciência, da comunhão com Deus.

★

A busca da verdade, por fim, conduz o indivíduo à plenitude, rompe o véu da ignorância e do medo em torno da transcendência e grandeza da vida, que deve ser experienciada com inefável alegria.

As dores e as ocorrências afligentes são acidentes do programa evolutivo, que de maneira nenhuma interrompem o fluxo do desenvolvimento da inteligência e da moral.

Jesus havia anunciado a Era Nova de conhecimentos e de felicidade que a Terra experimentaria.

Assim, pois, são estes os dias anunciados graças ao *Consolador*, que Lhe veio repetir os ensinamentos e dizer *coisas novas que no Seu tempo não podiam ser reveladas,* por falta do entendimento científico em torno da existência, assim como o das leis universais.

19

SEM PRESSA

Asserena-te, interiormente, a fim de que a tua jornada seja caracterizada pelo equilíbrio e as tuas ações corretas obedeçam a um programa de harmonia interior, sem pressa nem retardamento.

Uma existência humana é feita de sucessos e inquietações, esperanças e desencantos, programações de bênçãos e enfrentamentos desgastantes, de modo a disciplinar o Espírito para que logre a autossuperação e avance cada dia com mais segurança.

Cada conquista é um passo adiante, assim como qualquer insucesso representa experiência mediante a qual sabe-se como não mais repetir-se o equívoco.

Todo o processo de crescimento íntimo deve ser assinalado pela calma, sem a ansiedade afligente que em nada ajuda, no que diz respeito à solução dos desafios ou mesmo à superação das provas.

Inutilmente, o indivíduo deseja antecipar as ocorrências, sem dar-se conta que o Universo é regido por leis soberanas e mesmo o aparente caos encontra-se previsto em razão das forças cósmicas sempre em ação.

Se observares o esforço da borboleta no momento em que se liberta do casulo no qual o verme se arrastava no solo e tentares precipitar-lhe a libertação, destruirás o mecanismo de maturidade do esforço que a prepara para o voo.

O fruto que é obrigado a amadurecer fora da haste vegetal que o mantém, perde o sabor original e facilmente decompõe-se.

Tudo obedece a ciclos próprios que facultam o alcance da plenitude.

Aquele que se precipita gera distúrbios na ordem, cria embaraços para o comportamento, tem distorcida a visão da realidade, e o mesmo acontece quando posterga a ação dos compromissos.

Passo a passo chega-se à meta, palavra a palavra enuncia-se o discurso, nota a nota apresenta-se a rica sinfonia.

Não te afadigues diante do que deves fazer, deixando-te afligir pelo volume que te aguarda. A pressa não te ajudará a atender como deves o programa que te diz respeito.

A noite sucede o dia, enquanto este voltará no momento próprio.

Equilíbrio na execução das atividades é resultado de reflexão e de harmonia interior.

A ansiedade deve sempre ser substituída pela calma, que resulta, invariavelmente, da confiança irrestrita em Deus e em si mesmo.

Quando se examinam as possibilidades que se encontram ao alcance, com facilidade consegue-se viver em harmonia, que é portadora de saúde e de bem-estar.

★

Os rios e os ventos continuamente vencem as rochas, recortam-nas e deixam nelas impressas as suas marcas ao longo das épocas.

Tesouros libertadores

A vida expressa-se em todas as formas imagináveis, obedecendo à ordem que vige no Cosmo.

Em tudo quanto te diz respeito, aprende a esperar, agindo com tranquilidade.

A precipitação, de maneira alguma, evita os acontecimentos que estão em pauta, pelo contrário, geram balbúrdia e confusão.

A bênção do tempo obedece ao psiquismo divino, a fim de que a harmonia reine em toda parte.

Quando te entregas a Deus e n'Ele depositas as tuas expectativas, somente acontece contigo o que é de melhor para o teu desenvolvimento espiritual.

Por isso, nunca reclames, e procura encontrar a razão do que ocorre, se, por acaso, é afligente, ou rejubiles-te, se te constitui estímulo para o avanço na direção do bem.

Velho axioma afirma que *aquele que corre cansa, enquanto aqueloutro que anda o alcança e ultrapassa.*

Disciplina a mente para que aprendas a esperar e a executar cada ação no momento adequado.

Desse modo, o teu tempo será mais rico de oportunidades para o trabalho assim como para o repouso, dispondo de espaço para todas as realizações em clima de paz.

Quando se vê o enganoso êxito do mal, das ações perniciosas e a vitória dos oportunistas, o que sempre causa dor e choque, esquece-se de que a dádiva do tempo a tudo corrige, alcançando aqueles que pensam em fugir das consequências da própria insensatez ou da violação do equilíbrio.

A reencarnação é demonstração disso, porque, afinal, Deus não tem pressa, e o importante não é o resultado imediato, mas a regularização de todas as coisas e o fatalismo reservado ao Espírito, que é a sua plenitude.

Ninguém a alcança através de um passe de mágica, senão mediante o esforço, o denodo, a constância e a continuidade do trabalho.

A praia imensa é feita de grãos de areia e todo o Universo é constituído de partículas subatômicas.

De igual maneira, a experiência carnal é resultado de pequenos e grandes eventos, que se encontram programados como um curso de evolução.

Aquele que não é capaz de conduzir uma pequena embarcação, não dispõe de condições para dirigir um transatlântico.

Aprende, pois, a caminhar com segurança e em paz, tendo em vista a meta para a qual te diriges, e a alcançarás com paciência e alegria.

★

Jesus, que conhecia o futuro que Lhe estava reservado, soube esperar o momento culminante da cruz, sem deixar-se perturbar, trabalhando incessantemente pelo Reino de Deus na paisagem dos corações.

Quem O visse cantando o sublime sermão da montanha, aparentemente amado e cercado pela multidão deslumbrada, jamais pensaria na tarde infamante do Gólgota, em solidão aterradora e cruel abandono...

Nada obstante, Ele soube caminhar sem pressa nem postergação dos compromissos durante mais de dois anos de convivência com as criaturas ingratas, amando-as e compreendendo-lhes as fragilidades, porém, certo de que o Irmão Tempo as conduziria a Ele, na condição de ovelhas arrependidas na busca do seu Pastor.

20
A FORÇA DO AMOR

Permite que o amor de Deus te inunde, aquecendo a frialdade dos teus sentimentos e diluindo as dores que têm procurado permanecer dominadoras no teu íntimo.

Renasceste para amar, a fim de tornar-te uma fonte generosa de ricas energias que deverás esparzir onde e com quem te encontres.

Se a aflição busca pouso nas tuas emoções e retira o colorido da alegria que te impulsiona em direção da luta redentora, entrega-te ao amor, e dá-te mais ao irmão sofredor, assim revitalizando os teus ideais de melhor servir.

Se a morte arrebatou o ser querido, que te constituía emulação ao trabalho e ao júbilo existencial, não te consideres desamparado, porque ele vive, e logo se recupere, retornará à liça ao teu lado, a fim de prosseguir na ajuda de que necessitas para superar a solidão.

Se a ingratidão te feriu o cerne da alma e tudo se encontra sob sombra densa, acende a luz do amor em forma de perdão e não te facultes o desânimo ou a melancolia.

Se a enfermidade alojou-se no teu organismo e lentamente mina as tuas forças com ameaças graves, recupera a vitalidade mediante as bênçãos do autoamor, e gera equilíbrio e renovação íntima.

Se te sentes cercado por desafios que parecem impedir-te o avanço na direção do Senhor, ama sem preconceito, e compreende que toda ascensão produz cansaço e exige esforço maior do que se imagina.

Se os teus projetos bem-delineados sofrem dificuldades em realizar-se, ama com abnegação, faze a parte que te cabe e deixa o restante Àquele que é Vida em abundância e Ele fará o que não podes realizar.

Se a ingratidão de amigos *afetuosos* apunhala-te a alma, ama-os mais, sem nada exigir-lhes, porque o amor é bênção que se doa e não interesse que se negocia.

Se caminhas em *a noite escura da alma*, transforma o teu sentimento de amor em lâmpada de ardente chama, e verás a senda iluminada que aguarda os teus passos seguros.

Se a existência subitamente perdeu o encantamento e te sentes esmagado pelo fardo de desconhecida melancolia, ama com mais vigor e perceberás que o seu magnetismo te fortalecerá, auxiliando-te na reconquista dos bens imperecíveis de que descuidavas.

Se os teus passos perderam a força e cambaleias pelo caminho que antes vencias com vigor, ama e descobrirás a sublime energia do amor, portadora de recursos que resolvem todos os problemas e trabalha sem cessar em favor da ordem e do êxito.

Ama sempre e nunca deixes que o amor se esfrie no teu coração.

★

Mesmo que tudo se te apresente sombrio e não percebas as nobres companhias espirituais que te ajudam na

Tesouros libertadores

jornada libertadora, mantém a certeza de que não te encontras a sós.

Jesus prometeu que estaria ao lado de todos aqueles que O amassem, mesmo que, aparentemente, se encontrassem em solidão.

A externa solidão nem sempre é negativa, porquanto é portadora de sutis mensagens para levar-te à reflexão, à calma, à viagem interior.

Um pouco de silêncio te auxiliará a encontrar o roteiro momentaneamente perdido.

Na multidão, ante a algaravia das paixões, existem alegrias e ilusões que parecem felicitar as criaturas, perturbando-as mais do que as dignificando. É na solidão que o ser humano se encontra, que descobre o sentido e o significado existenciais, quando adquire coragem para prosseguir, para vencer, etapa a etapa, o caminho da evolução.

Quando as criaturas descobrirem o poder do amor, jamais experimentarão desânimo ou sofrimento, porque identificarão em cada acontecimento uma necessidade inerente ao processo iluminativo, retirando a melhor parte da experiência com que se enriquecerá de paz.

O mundo tem muita carência de amor.

Fala-se muito sobre esse dom divino, mas apenas se fala.

Ironicamente todos desejam ser amados e poucos se dispõem a amar, a modificar a estrutura racional do interesse pessoal.

Acredita-se, de maneira equivocada, que o amor é um instrumento que pode ser utilizado com habilidade para conseguir-se objetivos nem sempre superiores, e, em consequência, tomba-se em desencantos e frustrações.

A ética do amor exige sacrifício e impõe coragem de fé.

A história dos mártires é, antes de tudo, um poema de amor em forma de extrema dedicação à causa do bem na Terra.

Alguns são anônimos e o mundo não os conhece, outros chamaram a atenção pela maneira como conduziram a existência e são admirados, comentados, mas raramente seguidos.

Inúmeros têm sido objeto de crítica, de ironia e são considerados psicopatas, por haverem elegido o ministério da dedicação a Deus e ao seu próximo.

Isso, porém, não é importante, porque eles elegeram a *melhor parte*, a melhor conduta, *aquela que lhe não será tirada*, conforme as anotações evangélicas.

Desse modo, não te permitas a situação morna, cômoda, sofrida e distante do dever de amar, e aproveita cada momento da existência para permaneceres fiel ao objetivo da existência de que desfrutas.

Quem ama é imensamente feliz, enquanto que todo aquele que deseja e busca somente ser amado, não alcançou ainda a maturidade psicológica, demora-se em lamentável estado infantil.

★

Quem O visse pregado numa cruz de vergonha, abandonado por quase todos os afetos, criticado e em infinito sofrimento, na tarde ardente e ameaçadora, não se daria conta de que Deus estava com Ele, e que aquele testemunho Ele próprio o elegera, a fim de ensinar a todos que O amassem a permanecerem fiéis até o fim.

Tesouros libertadores

A tua cruz invisível é por Ele conhecida e, portanto, nunca estarás abandonado, se souberes transformá-la em asas de amor e de perdão que te alçarão à plenitude.

Desse modo, nunca te canses de amar e amar com entrega total.

21
JOVIALIDADE

A expressão jovialidade provém de *Jovis* (Júpiter) como uma especial virtude do comportamento humano, traduzindo bem-estar, alegria de viver, amabilidade e ternura ante as dificuldades e desafios existenciais.

Semelhante à inocência, a jovialidade é a capacidade que permite a integração da criatura no cosmo social, tornando-a diferente e especial.

É uma qualidade moral que se adquire mediante a eliminação das mazelas defluentes do largo processo da evolução do Espírito, durante as multifárias experiências de ordem ascensional.

O ser jovial é alegre, porém não ruidoso, nem portador das expressões temperamentais dos júbilos vulgares ou das condutas transtornadas daqueles que se comprazem em alegrar os outros, utilizando-se da extravagância e do ridículo.

A jovialidade irradia beleza e ternura, cativa sem palavras e modifica o ambiente onde se manifesta.

Nunca se arma de censura ou se comporta com suspeita, por ser espontânea e confiante.

Gentil, comunica-se com facilidade, qual fonte cristalina que dessedenta sem nada solicitar.

No contubérnio das tribulações humanas é comum as pessoas sentirem-se empurradas para a sombra, a exclusão ou a agressividade, a revolta, ambas geradoras de violência e destruição.

Sendo raras as condutas de cortesia e de afabilidade, sentem-se estranhos aqueles que são dóceis e afáveis, joviais e amigos, ocultando os sentimentos elevados com medo das reações do grupo no qual se encontram localizados para o processo de crescimento interior.

Em consequência, escasseia a jovialidade entre os indivíduos na convivência social.

Quando, porém, a jovialidade desponta em qualquer lugar, a paisagem torna-se iridescente e encantadora, adornada pela musicalidade do amor.

A ascensão do Espírito aos sublimes patamares da abnegação e do holocausto, dá-se mediante os passos seguros da jovialidade.

Quem a cultiva, vivencia a alegria saudável e sem jaça, supera a desconfiança e as torpes acusações, os conflitos e os medos.

Freud afirmava que *o complexo mais difícil de ser integrado é o complexo da morte.*

Ele próprio sofreu-o na carne, quando da desencarnação da filha Sophie.

A jovialidade, porém, vence a morte, porque sabe que a vida é indestrutível e todos avançam para a conquista da plenitude na imortalidade.

★

Exercita a jovialidade.

Tesouros libertadores

Enriquece-te de pensamentos joviais e fraternos, libera-te de suspeitas e animosidades.

Desarma-te em relação ao teu próximo, não permitas que os teus conflitos interfiram na confiança que nele deves depositar.

Há problemas de relacionamento que são mais teus do que do teu irmão, a quem transferes a responsabilidade pelo insucesso da amizade. Sempre é fácil apontar o erro do outro, pela predominância do *ego* doentio sobre o *Self* que deverá triunfar na existência.

Não te suponhas perseguido nem invariavelmente incompreendido, somente porque não conseguiste o que desejavas.

A verdadeira afeição não é aquela que transige com os disparates e exigências apresentadas, mas a que tem a coragem de negar e de esclarecer sem culpa nem medo.

Mediante o exercício da alegria ingênua e pura, do contato com as manifestações simples da Natureza, com os gestos e ações de pessoas afetuosas, conseguirás adquirir a jovialidade.

Mesmo que sejas agredido, mantém-te jovial e cândido.

Não há força do mal que resista à compaixão e ao comportamento de jovialidade.

Não permitas que o morbo do pessimismo que grassa, que contamina a sociedade encontre receptividade em ti.

Imunizando-te com a jovialidade, respirarás em clima de bem-estar, e impregnarás outras pessoas do prazer que sentes de viver.

Quando os primeiros discípulos de São Francisco visitaram o Japão, passaram a cuidar dos hansenianos, que eram odiados e massacrados sem a menor piedade.

Jovialmente, eles prosseguiram optando pelos irmãos vitimados pelo terrível mal, defendiam-nos, limpavam-nos, até que os japoneses, cansados de os matar, perguntaram-lhes qual a razão daquela estranha escolha.

Eles responderam, simplesmente: Porque eles são nossos irmãos, conforme nos ensinou Jesus Cristo.

Somente então, passaram a falar sobre o Mestre e Sua doutrina, desse modo conquistando incontáveis filhos do *império do Sol nascente*.

Nunca reprocharam aqueles costumes bárbaros nem os seus executores.

Jovialmente prosseguiram no seu dever, na sua eleição de amor incondicional.

A jovialidade poderá salvar o mundo moderno do fosso em que se atirou.

★

Jesus sempre manteve a jovialidade em todas as circunstâncias, mesmo quando acusado de maneira perversa, sem uma palavra de agressividade.

Treina a jovialidade em pequenas ocorrências e, passo a passo, avança na sua conquista total.

Bem-aventurados os joviais, porque serão felizes desde hoje, assim também pelos infinitos roteiros da imortalidade!

22
EXPERIÊNCIAS

A experiência é uma conquista pessoal intransferível, que cada criatura realiza ao longo da existência. Constitui um caminho de autodescobrimento em torno dos valores e dos recursos que serão adicionados ao conhecimento, servindo-lhe de base para a construção da sabedoria.

Na infância, ensina o melhor caminho que deve ser seguido quando por ocasião da adolescência, evitando equívocos comprometedores e dependências viciosas que se prolongarão pela idade adulta e, não raro, velhice afora.

Pode-se explicar o resultado da experiência adquirida, mas cada qual tem-na que vivenciar em razão das condições pertinentes ao ego, que se permite o livre-arbítrio, nem sempre corretamente.

Trata-se de valioso contributo da existência física, mesmo quando se vivenciam ocorrências danosas, que irão servir de parâmetro para o que se deve e se pode fazer, em relação ao que se deve mas não é lícito realizar, ou se pode mas não é correto executar.

Quando se trata de erro, tem-se a lição lúcida a respeito do caminho emocional e intelectual que se percorrerá, evitando-se a queda no poço de onde se deseja sair.

Ao ser florescente e abençoada, propele a novas realizações, conquista espaço e adquire lucidez para melhor produzir no campo da evolução.

Cada dia novas experiências são adicionadas às conquistas anteriormente reunidas no inconsciente profundo, que sempre dita as normativas do comportamento humano.

O conhecimento em torno da reta conduta faculta o discernimento para a prática das ações que podem produzir bem-estar, harmonia mental e emocional, mediante a qual são conseguidas futuras condutas que se transformarão em hábitos salutares incorporados ao dia a dia existencial.

Em razão da diferença de níveis mentais e emocionais dos seres humanos, não raro, é através dos insucessos que se encontram os melhores modelos para a autorrealização.

Alguns percebem com facilidade que o prazer de um momento é uma utopia que a realidade logo dilui, que deixa frustrações e amarguras. Outros, no entanto, necessitam experienciar a dificuldade, o sofrimento, para melhor entender a finalidade da sua trajetória, que o túmulo não consome.

Por isso, é de fundamental importância o conhecimento da imortalidade, a fim de que sejam tomadas providências desde cedo a respeito dos investimentos de natureza indestrutível, além das mensagens agradáveis da envergadura carnal.

Mediante a certeza da sobrevivência do ser ao túmulo, os comportamentos adquirem significados profundos e oferecem experiências de sabedoria e de libertação.

★

Tesouros libertadores

Nunca cesses de experimentar novas áreas do conhecimento, campos de trabalho e de atividades renovadoras.

Não consideres valioso apenas o labor que ofereça imediata compensação. Não poucas vezes, o insucesso de agora ensina o melhor método para consegui-lo noutra tentativa.

As grandes realizações humanas nos mais diversos setores de atividades, conseguiram a meta após tentativas diversas que levaram ao insucesso e demonstraram que se fazia necessária uma alternativa diferente. Porque os seus idealistas insistiram, o êxito coroou o mister após demoradas repetições.

Tudo tem o seu momento, a sua ocasião de realizar-se. Será inútil tentar-se que um acontecimento se apresente exitoso antes dos esforços envidados, dos erros corrigidos, da insistência dirigida pela intuição dos resultados felizes.

Por isso, a estrada dos santos, dos heróis, dos benfeitores da Humanidade nos mais diversos setores, é assinalada por dificuldades aparentemente intransponíveis, que, todavia, não os impede de prosseguir, muitas vezes *com os joelhos desconjuntados,* como se referiu o apóstolo Paulo em relação ao seu ministério iluminativo.

Somente a imaturidade psicológica espera que todo empreendimento seja coroado de resultados opimos.

Se assim fora, a existência perderia o sentido e o significado, dando lugar ao tédio e ao desinteresse pelo trabalho.

A sequoia cresce milímetro a milímetro até atingir a sua mais grandiosa expressão.

Da poeira cósmica surgem as galáxias no turbilhão dos bilhões de anos.

Desse modo, nunca desfaleças quando um empreendimento no qual te afadigas não apresente o resultado anelado. Isso não será motivo de desistência, antes deve constituir-te estímulo para o seu prosseguimento, mudando a forma de agir.

Quem hoje contempla os imensos complexos da Disneylândia no mundo, não sabe que o seu autor, Walter Disney, recebeu negativas repetidas de bancos e empresas aos quais recorreu quando da primeira tentativa de edificação nos pantanais da Flórida. Porque ele não desistiu e tinha certeza de que poderia contribuir com beleza e imaginação para a felicidade de crianças e adultos, hoje os seus parques espalhados por diversos países esplendem, dão trabalho a milhares de pessoas e encantam outros tantos milhões de visitadores.

A vitória da guerra não é decidida nas primeiras batalhas, mas sim, na última.

Muitos combates adornam de glórias os exércitos, para depois serem dizimados no enfrentamento final.

Luta sem esmorecimento, confia na Divina Providência, sê pacífico e pacificador apesar da violência que domina a Terra, e não cesses nunca de servir, de persistir e de lutar pelo bem.

★

Traído, vendido aos Seus inimigos, julgado injustamente e crucificado de maneira cruel, Jesus, o Amor não amado, não desistiu das criaturas que ama e até hoje insiste na renovação de todos, enviando os Seus mensageiros, a fim de que a Sua mensagem não seja esquecida, em face da Sua sublime experiência de Governador da Terra.

Inspira-te n'Ele e trabalha com vigor, adquirindo a experiência santificante do amor sem jaça.

23

INIMIGO MORBOSO

Pergunta-se com frequência: – Por que coisas más são praticadas por pessoas boas?

Causa estranheza, não poucas vezes, a constatação do comportamento infeliz de indivíduos saudáveis mentalmente e generosos, que se apresentam em desalinho emocional em determinados momentos.

Multiplicam-se informações perturbadoras, desvelando torpezas morais em criaturas zelosas e de aparente conduta equilibrada.

Legisladores que estabelecem códigos de ética e de justiça, tornam-se notícia pela prática de desmandos, de crimes hediondos, denominados de *colarinho branco*, que corrompem, subornam, desviam as verbas do bem social para os paraísos fiscais onde mantêm sólidas fortunas.

Médicos dedicados ao aparelho respiratório que recomendam abstinência ao fumo, às ocultas são tabagistas dependentes, e negam pela conduta a excelência dos ensinamentos em favor da saúde.

Mestres encarregados de educar as gerações novas, são surpreendidos em deslizes lamentáveis que produzem choque pela gravidade dos desmandos que se permitem, ao violarem todas as regras do comportamento ético.

Amigos aparentemente dedicados, traem, enganam aqueles nos quais despertam confiança, enquanto mantêm afivelada a máscara da hipocrisia na face, sem o menor pudor ou sentimento de culpa.

Defensores da moralidade são levados ao escárnio público, por praticarem os atos indecorosos que censuram na tribuna com veemência...

São muitos esses surpreendentes fenômenos psicológicos.

Isto sucede, porém, porque nem todos aqueles que se apresentam como bons o são realmente.

Normalmente, possuem o verniz social com que escondem as torpezas íntimas, adaptam-se aos hábitos formais e morigerados, mas não conseguem superar os conflitos que os vergastam, heranças de existências passadas não superadas.

Gostariam, talvez, de viver conforme aos outros preconizam, e permitem-se praticar atos de abjeção e de indignidade, ocultando-se nas trevas emocionais em que se refugiam.

Mantêm a aparência respeitável, alguns são lutadores pelos direitos dos outros, inclementes defensores da moral, em mecanismos de fuga decorrentes da necessidade de libertar-se das inseguranças morais que os esfacelam interiormente.

O *ego* em predomínio sempre encontra justificativa para explicar e diminuir a gravidade das suas debilidades.

Quando isso não ocorre, apelam para a acusação aos outros, e transferem a responsabilidade dos atos perversos para os demais, tornando-os culpados por tudo quanto lhes acontece e se facultam experienciar.

Tesouros libertadores

Assim, concluem que são vítimas e permitem-se tudo quanto nos outros é censurável e eles próprios condenam.

★

Essa ocorrência morbosa é resultado das heranças em forma de mazelas que cada qual conduz pelo carreiro das reencarnações.

Aos impulsos doentios que os visitam, não opõem a coragem moral, a resistência, de modo a superar esse inimigo pertinaz que lhes reside no inconsciente e, periodicamente, ressuma na conduta.

Trata-se da *sombra* psicológica, que mascara o ser espiritual, que predomina em a condição de *ego* infeliz.

Todos os seres humanos conduzem o *anjo* e o *demônio* no seu mundo íntimo.

De acordo com o estágio evolutivo, no qual transita, liberta-se aquele que é mais compatível com a sua condição espiritual.

O esforço que se deve empreender diz respeito à mudança de paisagem interna, ao ensejar a liberação da angelitude adormecida em detrimento do recrudescer das paixões demoníacas em vigorosa interferência.

De tua parte, evita acusar, responsabilizar o teu próximo, quando cometas erros ou te enredes em comportamentos execrandos.

Aprende a assumir os efeitos dos teus êxitos, mas principalmente dos teus equívocos.

Possuis o discernimento claro para saberes qual a melhor conduta em qualquer situação em que te encontres.

A eleição da agressividade e do desregramento é hábito vicioso a que te acostumaste, sem o esforço de o evitar.

Quando, porém, a pessoa sincera busca honestamente a autoiluminação mediante o conhecimento da verdade, de imediato se lhe altera a maneira de viver e de agir.

Não poucos invigilantes sempre transferem os seus insucessos à interferência dos Espíritos maus, isentando-se de responsabilidade.

Certamente que eles interferem, influenciam, no entanto, somente quando encontram sintonia, quando são atraídos pela emissão das ondas mentais de cada qual. Uma mudança de faixa vibratória ao adotar pensamentos elevados, ao anelar por bênçãos, ao fazer-se solidário com os benfeitores pessoais e os da sociedade, produz alteração significativa na conduta pelo benefício que deles recebe.

Assume o compromisso elevado de vencer as más inclinações, de vigiar *as nascentes do coração das quais promanam todo o bem e todo o mal.*

★

O teu inimigo básico não é aquele que te combate ou persegue, que te detesta ou calunia, antes encontra-se oculto nos tecidos íntimos dos teus sentimentos necessitados de elevação.

Jesus asseverou que o *Reino de Deus* está dentro da criatura, aguardando a liberação das heranças primitivas do processo de evolução.

Começa hoje e agora a luta sem quartel em favor da tua paz, dilui as couraças do inimigo interno sob as quais se esconde, e abraça a liberdade de consciência, para seres feliz.

24

SOLIDARIEDADE FRATERNAL

Em face do comportamento atropelado que a atualidade impõe às suas vítimas, angustiadas pela pressa e devoradas pelo consumismo, a solidariedade vem sendo substituída pela soledade.

Os pequenos grandes gestos de amizade e os que representam a delicadeza no trato, vêm desaparecendo, dando lugar à cultura do egotismo e do desinteresse pelo próximo. O outro é um estranho que não merece um sorriso nem um auxílio, mesmo quando os solicite.

Semblante carregado, quase agressivo, é a máscara fixada na face da grande maioria das criaturas em uma atitude defensiva, em demonstração de que não se está disposto nem ao relacionamento nem, muito menos, à convivência fraternal.

A comunicação virtual tem engessado as criaturas nos seus instrumentos de trabalho e de divertimento, de relação e de afetividade; torna-as silenciosas, aparentemente autossuficientes, contentes com a distância aos demais imposta pelo aparelho, permitindo que cada qual viva no seu universo, sem a intromissão do seu próximo.

Esse comportamento tem sido responsável pela solidão cada vez maior e pelo esvaecimento das afeições, que enregelam os seres que necessitam de calor humano, de vida, de convivência.

Nos momentos inevitáveis das aflições que a todos alcançam, o desespero transforma-se em angústia por falta de corações que possam ser solidários, que se ofereçam e também contribuam com palavras de conforto e de amizade, que sustentam nos momentos graves do trânsito carnal.

As máquinas oferecem mensagens frias adredemente programadas, o que as torna incapazes de substituir as pessoas junto ao leito de dor ou simplesmente ao lado com o sentimento solidário, em demonstração de que as amam.

Essa frieza estende-se ao universo do trabalho, no qual os indivíduos também se transformam em máquinas que se desincumbem dos compromissos padronizados, em que não existe amizade nem consideração. Cada qual é valorizado pelo que produz, favorecendo a sua empresa ou aquela onde trabalha, com o máximo ao seu alcance, até quando é descartado, sem nenhuma consideração, por qualquer problema, especialmente na área do lucro.

Não é de estranhar que aumentem assustadoramente os transtornos de comportamento, de depressão, do distúrbio do pânico, dos suicídios...

Cada vez mais avolumam-se a carência afetiva e os prazeres desgastantes, em mecanismos de fuga da realidade para a morbidez da ilusão.

Parecer, em tal cultura, é muito mais importante do que ser, e as pessoas são avaliadas pelo êxito externo e não pela sua realidade interior. Em consequência, a disputa pela posse torna-se insuportável, impõe-se como fundamental a uma vida feliz, mesmo que somente na superfície.

★

Tesouros libertadores

Volve à simplicidade, aos gestos singelos de simpatia, às comunicações através dos sorrisos e das palavras afáveis.

Desconecta-te da fórmula exterior de apresentação e assume a tua autenticidade, mantém o comportamento ético responsável pela presença da amizade e da simpatia.

Sê solidário com o teu irmão, com todos os seres sencientes e com a Natureza.

Narram alguns biógrafos do santo de Assis, que certo dia ele viajava com Frei Leonardo, ele montado num burrico e o amigo a pé.

Subitamente, a sua sensibilidade apurada captou os pensamentos que o companheiro de viagem entretecia no seu mundo mental: *seus pais e os meus não desfrutavam da mesma situação. Ele vai montado, enquanto eu vou a pé.*

De imediato ele saltou do animal e disse-lhe:

– *Meu irmão, não convém que eu cavalgue e o irmão siga a pé, pois no século eras mais nobre e poderoso do que eu.*

Nessa lição profunda de humildade e de solidariedade, ele também proscrevia as diferenças sociais, exaltava a pobreza e demonstrava a inefável generosidade do seu coração.

Quanta falta faz, na atualidade, comportamento dessa natureza!

O impositivo, infelizmente é: cada um por si, mesmo que o outro não esteja em condições de seguir, esteja enfermo ou sendo atacado, em debilidade orgânica ou avançada idade no corpo.

Distende mão amiga a todos quantos estejam ao teu lado, necessitados, olhando as fortunas da tua juventude, ou posição social, cultura ou poder temporal, pois que, nunca sabes o que te poderá suceder amanhã, e mesmo que permaneças na situação invejável deste momento, há sempre mais alegria em servir do que em ser servido.

Foi essa a lição do Mestre ao lavar os pés dos Seus discípulos na última ceia com eles mantida, para que tivessem compromisso com Ele e Sua doutrina de amor.

Sempre estarás aquinhoado, quanto tiveres o gesto de deferência em favor do teu irmão, enquanto que permanecerás em débito para com a Vida, toda vez quando beneficiado por ela.

Este é o momento de fazeres a tua parte, aquela que nunca te será tirada.

A mudança do mundo de sofrimentos para o de amor e paz começa quando inicies a tua transformação para melhor.

Não contes com as alterações que possam ocorrer nos outros, mas preocupa-te com as tuas próprias conquistas e avança no rumo da plenitude.

★

É possível viver-se plenamente dentro das lições do Evangelho, que são as mais apuradas páginas éticas da Humanidade.

No seu tempo, São Francisco conseguiu ser o mais belo imitador de Jesus.

Esta é a tua oportunidade para fazeres o mesmo.

Inicia o teu novo tempo, com as bênçãos da solidariedade que esparzirás pelo caminho que estejas percorrendo.

25

A DÁDIVA DO SILÊNCIO

No aturdimento ao qual é conduzida a moderna criatura humana, dominada pela complexidade existencial e pela parafernália dos instrumentos tecnológicos criados, afirma-se, para o próprio bem-estar, não haver espaço para o silêncio reparador.

É certo que, nesse turbilhão de novidades, surgiram espaços variados e frequentes para o isolacionismo, enquanto a mente, em contínua febricidade, salta de uma para outra preocupação, em busca de participação em todos os acontecimentos que lhe são apresentados pelos aparelhos sofisticados de que dispõe.

A ânsia para não se perder nada, para fruir-se todas as sensações que as redes sociais proporcionam, assim como as futilidades douradas, respondem pela intranquilidade que toma conta dos seus aficionados, que agita uns e deprime outros, conforme a área de interesse de cada um.

Rareiam os momentos para as refeições tranquilas no lar, já que, nos restaurantes é impossível, sem mensagens virtuais, para os diálogos edificantes, para a convivência saudável, para a comunicação com a família e para os gestos de carinho entre pais e filhos, irmãos e colegas, nubentes e amigos. E quando surgem, normalmente os indivíduos encontram-se

Joanna de Ângelis / Divaldo Franco

cansados, entediados, insatisfeitos, remoendo na mente as frustrações ou os anseios por novos comportamentos atormentadores.

Cada dia é mais complexa e atraente a rede de divertimentos, agradáveis uns, inquietantes outros.

A ansiedade, em consequência, grassa, assustadora, vitimando crescente número de pessoas despreparadas para os enfrentamentos, mas que não querem perder a ocasião de gozar ao máximo as falsas comodidades que lhes são obsequiadas fartamente.

Os equipamentos psicológicos do ser humano são muito sensíveis no grandioso arquipélago celular, e não foram elaborados para receber os constantes choques emocionais a que são submetidos pelas cargas volumosas dos hodiernos conflitos. Antes, na sua delicadeza, predispõem-se à ordem, ao equilíbrio, à harmonia.

Quando não são respeitados os seus limites dão lugar a transtornos de variada etiologia, nos quais sucumbem todos aqueles que se permitem os excessos.

A desenfreada ânsia pelo prazer, quase sempre frustrante, porque aligeirado e sem significado emocional mais profundo, atira verdadeiras multidões de insensatos no despenhadeiro dos desequilíbrios, que encontram divulgação na mídia alucinada, que alicia novos *deuses*, novos campeões-modelos que se encontram sob o açodar das paixões mais primitivas.

Naturalmente, ocorre a perda do sentido existencial saudável e permanecem as injunções propostas pelo momento de encanto e de desvario, e que sempre culminam em dolorosas situações interiores de desgaste e de sofrimento.

Tesouros libertadores

Eis em toda parte as suas vítimas, excessivamente tatuadas, escondendo psicologicamente a própria face, em mecanismos de automutilação e de exibicionismo.

★

Todos têm necessidade de silêncio interior para a análise da existência e o encontro do seu significado real.

Quando não se medita de modo a encontrar as razões reais para a vida física, o vazio existencial toma conta e a perda da saúde e da paz torna-se de caráter destrutivo.

O príncipe Sidarta Gautama, após experienciar o prazer exaustivo, foi dominado pelo tédio e buscou respostas para a vida na meditação, e descobriu que o sofrimento é inevitável durante a viagem carnal.

Saiu do letargo em que vivia e despertou para a realidade a que se entregou em clima de plenitude.

Jesus, após atender as multidões sedentas de pão, de paz, de saúde, quando o entusiasmo das massas insaciáveis desejava continuar no banquete de luz e de bênçãos que Ele ensejava, *fugia* da balbúrdia e refugiava-se no silêncio, a fim de permanecer em sintonia com Deus, em cuja fonte de amor hauria forças para prosseguir no ministério de amor e de iluminação de consciência.

O deserto era o seu lugar de refúgio frequente, onde reflexionava em torno dos valores éticos fundamentais para a Humanidade.

Sempre quando o aturdimento tomar conta dos teus pensamentos e o cansaço instalar-se no teu comportamento, não titubeis e decide-te pela busca do silêncio, a fim de analisares o que se vem passando contigo, o que realmente necessitas, permitindo-te libertar de qualquer excesso e seguir a trilha do equilíbrio e do indispensável.

No turbilhão, tudo é confuso e perturbador.

Desse modo, quando elejas o silêncio mental, terás facilidade de entender as divinas leis que se encontram impressas na tua consciência, e descobrirás os métodos mais eficientes para vivê-las com inefável alegria e significado existencial.

É natural que vivas no mundo da atualidade com todas as injunções que lhe são peculiares, não fugindo do seu contexto. No entanto, faz-se necessário que elejas o comportamento que mais te propicie harmonia sem a dependência escravagista do *modernismo* exagerado e da submissão às suas exigências.

O progresso é lei da vida e, nessa corrente de evolução deves navegar com sabedoria, a fim de não seres náufrago afogando-se nas procelas atraentes e traiçoeiras.

Utiliza-te dos valiosos instrumentos da tecnologia e da ciência para a edificação da existência, não lhes permitindo dominar-te os sentimentos e roubar-te as horas para o autoencontro.

★

Uma existência tranquila é fruto do comportamento mental sereno.

Podes buscar o *deserto*, onde quer que te encontres, desde que mergulhes no âmago de ti mesmo e vivencies a transcendência na qual estás mergulhado.

Recorda-te que o corpo envelhece, enferma e dilui-se pelo fenômeno da morte, por mais te conceda momentos de prazer e de gozo, sempre transitórios.

Tesouros libertadores

Seguirão contigo, porém, os atos de elevação e de serviço ao próximo, que te facultarão incomparáveis emoções de alegria e de plenitude, o teu *reino dos Céus*, prometido por Jesus.

26

ESCOLHAS

Cada ser transita no mundo sob a indicação das escolhas elegidas.

Herdeiro das próprias experiências no passado, renasce com as tendências dos hábitos que lhe eram familiares e constituíam as suas metas essenciais.

Dessa forma, o caminho a seguir é sempre o resultado das eleições pessoais.

Mediante a reencarnação depuram-se-lhe os *metais da alma*, eliminando a *ganga*, as imperfeições que caracterizam os primórdios do processo da evolução ou são adquiridos através da rebeldia ante os impositivos severos das Soberanas Leis da Vida.

Não há, portanto, por que lamentar-se esta ou aquela situação, feliz ou afligente, porque a mesma resulta da eleição que cada qual se permitiu.

Normalmente, antes do berço, os Espíritos são convidados a examinar as possibilidades de sublimação que se lhes encontram ao alcance e de que podem dispor, desde que se resolvam pela obediência aos impositivos transcendentes e não aos modestos interesses materiais.

É comum firmar-se, antes do renascimento, responsabilidades que se tornam pesadas quando na indumentária carnal, resultado, porém, da necessidade de crescimento interior na direção de Deus.

O mergulho na neblina física oblitera o discernimento em torno da realidade, que é de natureza espiritual, e os tóxicos naturais da matéria perturbam os centros de interesses emocionais, em face da atração pelos prazeres imediatos, pelas sensações de gozo, pelas ilusões dos sentidos físicos.

Momentaneamente, olvidando-se das graves responsabilidades assumidas, pelo impositivo mesmo da evolução, que dispensa as cargas mnemônicas dos acontecimentos anteriores que criaram impedimentos ao trabalho do perdão, da compreensão das necessidades daqueles que o cercam, o Espírito é atraído aos mesmos experimentos nos quais fracassara, a fim de revigorar-se ante os perigos do processo de autoiluminação.

Em razão disso, não raro, repete as experiências equivocadas, fixado em lembranças subliminais que o estimulam à continuação do que lhe era aprazível e nas quais se envolveu.

Demais, as grosseiras mensagens do sexo em desalinho, das comodidades supérfluas, dos interesses vis, da agressividade destrutiva, envolvem-no no denominado sistema social, político, moral, econômico, e sente-se arrastado para o abismo dos vícios e das conexões doentias a que se encontra acostumado, desligando-se das faixas mentais elevadas em que estagiava, expectante.

Surgem-lhe, então, os impositivos expiatórios para o futuro, quando serão exigidos comportamentos saudáveis sob o açodar dos sofrimentos angustiantes.

Tesouros libertadores

Ninguém, pois, que transite pelos acessos do progresso moral e espiritual, sem oportunidade de escolher o melhor para si mesmo.

★

Ao luzir nova oportunidade, a mesma deve ser utilizada com sabedoria e dedicação, porque a jornada física, por mais que se elasteça no tempo, alcança o momento de ser interrompida e o prosseguimento será resultado das escolhas preferidas.

Graças às esplêndidas elucidações do Espiritismo, o ser humano dispõe de instrumentos valiosos para a sua integração no programa cósmico do aperfeiçoamento moral.

Seguro da sua imortalidade, busca a fórmula ideal de conduta que é a vivência do comportamento cristão, conforme ensinado por Jesus, especialmente no que diz respeito à Lei de Amor.

Evita a contaminação dos miasmas pestíferos da sensualidade, particularmente do egoísmo com todas as suas mazelas perturbadoras.

Descobre que o sentido psicológico da existência é servir, transformando-se em ativo trabalhador do Bem.

Vive intensamente cada momento da existência, entregue à mudança moral para melhor, utiliza-se de toda e qualquer ocorrência para superar os desafios internos e alcançar a autoiluminação que o atrai.

Não se compadece das imperfeições que lhe exornam o ser, esforça-se por superar e vencer as más inclinações.

Reencontra a alegria infinita de viver, aproveita-se da bênção carnal para refazer caminhos antes percorridos com equívocos, que agora lhe compraz reparar, e utiliza-se da inspiração que lhe verte do Alto.

Sabe que não se encontra a sós nessa jornada de elevação espiritual e busca manter o intercâmbio consciente com os Espíritos nobres que se responsabilizam pela sua atual existência.

Faz-se dócil ao comando do Senhor, ao descobrir tesouros dantes desconhecidos na vivência do amor e da fraternidade.

Compreende quão rápidos são os prazeres do corpo e quanto profundos são os sentimentos de entrega à caridade, à solidariedade, à compreensão dos sofrimentos do próximo.

Não se distrai com as facécias e encantamentos que são como bolhas de sabão que logo se diluem ao sol da realidade.

Evita compromissos perturbadores, mesmo quando se apresentam com disfarces de gozo e júbilo, por compreender a sua transitoriedade e falta de significado.

Enxerga a dor e o sofrimento como instrumentos de redenção, e não os teme, embora não os busque em atitude masoquista, porque sabe enfrentá-los quando as circunstâncias assim os propuserem.

Preserva a jovialidade e a ternura como recursos de comunicação com os demais, observa com otimismo os acontecimentos diários, evita a crítica mordaz e prejudicial, para retirar bons frutos de todas as experiências.

Isto porque as suas são as escolhas em favor da sua imortalidade.

★

Tesouros libertadores

Jesus acentuou que o Seu Reino não é deste mundo, e todo aquele que O serve deve ter em mente essa grandiosa afirmação, utilizar-se das bênçãos que lhe estão ao alcance, porém, pensar seriamente e sem cessar na libertação das amarras orgânicas.

Escolhe, portanto, a melhor parte, aquela que não te será tirada, conforme o ensino evangélico, e aproveita enquanto brilha a luz da razão e dispões da oportunidade da reencarnação, porque depois, depois será necessário voltar para refazer o que não foi realizado conforme deveria.

27

ESCOLHOS NA TAREFA DO BEM

Em qualquer atividade referente ao bem pessoal, da sociedade e do planeta, a mesma encontra uma reação natural nas criaturas apegadas ao imediatismo da matéria.

Destituídas ou bloqueadas na área da sensibilidade, acreditam, equivocamente, que a existência humana tem, como finalidade primordial, a fruição do prazer dos sentidos, mediante os quais o tempo corre sobre os trilhos do trem da alegria, propiciando venturas e encantos que não devem parar.

Em razão disso, permitem-se a embriaguez dos sentidos físicos até a exaustão, quando são consumidas pelo tédio, filho precioso do vazio existencial, e se atiram lúbricas e perturbadas na busca de novas sensações que somente podem ser fruídas sob a ação de drogas alcoólicas, derivadas do tabaco e de outra procedência química ou descendo aos desvãos sombrios e primitivos do sexo em aturdimento...

Tornam-se fantasmas de si mesmas, hebetadas para os ideais de engrandecimento, enxameiam os consultórios de psicoterapias variadas ou de psiquiatria, em busca do alívio para os tormentos íntimos, ou deixam-se sucumbir lentamente nos pântanos da mente atribulada, sem qualquer perspectiva de soerguimento pessoal. Perderam a fé em si mesmas e, consequentemente, naqueles que as rodeiam, empolgados ainda pelas mágicas ilusões da ignorância.

Se observares com cuidado, notarás a grande massa, a correr para lugar nenhum, a buscar coisa alguma, porque dominada em parte pela ansiedade de uns e de outros amargurados pelo desencanto, quando todos apelam para a violência como forma de extravasarem o mal-estar em que estão mergulhados ou da soberba infeliz que os empurra para a solidão, e, por efeito, para os transtornos depressivos a que se entregam sem resistência.

Alguns indivíduos, quando ainda jovens e ambiciosos, procuram trabalhar com afinco, preenchem todas as suas horas com labores compensados com salários elevados, com distinções sociais e exaurem-se, abandonam a família, os amigos e vivem somente para o seu estilo de ganância... Mais tarde, quando alcançam a velhice, gastam tudo quanto amealharam na busca da saúde perdida, do tempo em vão, sem lembranças ditosas da convivência familiar, que não tiveram em consideração, da ausência do culto ao belo, à bondade, à renovação espiritual.

São as suas atitudes paradoxais: a busca do incessante ter-poder para desfrutar e tombam no ter sem prazer, em face dos distúrbios orgânicos e psicológicos de que se tornam vítimas pelas incursões desvairadas na ansiedade e no tormento de alcançarem as metas insignificantes, mas, às quais atribuem valor excessivo.

Armados, portanto, de conflitos, não têm espaço mental nem emocional para as questões simples e grandiosas da existência, para a contemplação da Natureza, nem

Tesouros libertadores

para as bênçãos domésticas da afetividade e da carícia, do convívio ingênuo com a família e com os amigos.

Todos os passos que se permitem são direcionados para o lucro, para o destaque, sem a capacidade de contribuírem em favor dos outros, daqueles que lhes podem proporcionar o amor e facultar-lhes o significado existencial.

Muitos deles, irônicos ou indiferentes, cínicos ou exaustos de não crerem em nada, tornam-se escolhos na atividade do bem, torpedeando as iniciativas edificantes, humanitárias, construtivas do mundo novo da simplicidade e do amor.

★

Não os receies nem os tomes como padrões de triunfo.

Sim, eles brilham nas colunas sociais, onde aparecem sorridentes e poderosos, enquanto choram no silêncio das noites, nos quartos elegantes dos hotéis de luxo ou nas suítes de alto preço dos lares ricos.

Vivem em terrível solidão, como não podes imaginar, tu que tens amigos e irmãos na caridade e no bem fazer, nos atos de gentileza e nos cânticos da fraternidade!

Se alguns deles atravessam-te o caminho e se te impõem contrários, desculpa-os, mas não lhes cedas campo, deixando o terreno em que semeias para que as plantas más se multipliquem e o abandono malsine o solo que poderás transformar em jardim ou em pomar.

Se te menosprezam, alegra-te, ao constatares que eles não te conhecem e não dispõem da capacidade de entender a beleza que vai além dos valores egoicos que acumulam mas que são mortos, sendo obrigados mais tarde a deixá-los, porque os não podem levar até além do túmulo para onde todos marcham.

Se tentam conduzir-te para o parque das suas paixões, tem cuidado com o seu fascínio, com o brilho enganoso do seu ouro sedutor, e segue a trilha da dificuldade que te enrija o caráter e fortalece os sentimentos, carente de coisas, mas rico de amor e de paz.

Não consideres esses escolhos humanos, materiais, emocionais, como de grande valia. Insiste nos teus propósitos e os verás diluir-se, desaparecer do caminho e abrir-te horizontes mais novos, mais amplos, mais encantadores, em convites para conquistá-los. No entanto, não apenas esses existem. Os teus *demônios* internos – as tuas fragilidades, tuas ambições humanas, frutos da cultura do consumismo, tuas falsas necessidades de prazer e de gozo, teus cansaços e desencantos – constituem terríveis escolhos que vencem muitos trabalhadores do bem, que se detêm a lamentar as dificuldades para avançar e conquistar a harmonia interna.

Essa, a harmonia dos sentimentos, não pode ser adquirida de um momento para outro, de um salto, porque ela é uma experiência nova que ainda não existe nos arquivos do teu inconsciente, portanto, sendo necessário insculpi-la no interior, a fim de que se venha a exteriorizar mais tarde como bênção de tranquilidade e de alegria de viver.

É necessário que exorcizes esses *demônios*, que abras espaço para a instalação dos *anjos* da confiança irrestrita em Deus, das reais satisfações que preenchem a alma com objetivos cada vez mais elevados, dos sorrisos que a encantam e propiciam a produção de imunoglobulinas para a completa saúde orgânica.

Tesouros libertadores

Nunca, portanto, te assustem os escolhos, que se encontram pelo caminho das tuas atividades iluminativas, porque foram deixados antes por ti mesmo ou por outrem, e agora necessitam ser retirados, a fim de permitirem que muitos lutadores venham após e encontrem a estrada liberada.

★

Apesar do esforço envidado, se persistirem alguns de origem espiritual, de perturbações obsessivas, lembra-te de Jesus e busca-O através da oração, recordando que, também Ele os enfrentou, porém, com elevação e misericórdia, por saber que eram seres infelizes que se haviam distanciado do caminho do amor.

Procura fazer o mesmo, unge-te de piedade e de compreensão, envolve-os em vibrações de ternura, porquanto são teus irmãos carentes que se encontram na retaguarda, à espera da oportunidade de libertar-se das próprias mazelas que lhes fazem mal.

Nunca desanimes e jamais desistas da atividade do bem, por causa dos escolhos que aparecem, geram enfermidades, desencantos e dor...

A vivência do Bem é um hino de beleza à vida e de exaltação ao amor que necessitas experienciar.

28

ENQUANTO É POSSÍVEL

Dias ensolarados existem em que sentes a neblina do desencanto e a da aflição impedindo-te a visão da claridade do astro rei.

São conflitos que emergem do inconsciente e te assaltam, apresentam-se como cansaço das lutas e quase desinteresse de continuares no trabalho a que te afeiçoas, especialmente quando de natureza espiritual, insatisfação interior com o que fazes e com o próprio existir, sentimentos negativos inabituais e manifestações superficiais de depressão...

Pensas que chegou o momento da desencarnação, e a anelas, porque, momentaneamente, sentes que estás inútil, e mesmo as pequenas alegrias de antes não conseguem arrancar-te da estranha sensação.

Como és criatura normal, não deves estranhar essas ocorrências emocionais que fazem parte do catálogo da saúde.

Uma existência sem pausas para a tristeza, a melancolia, os conflitos, caracteriza o estado de esquizofrenia, no qual as emoções cedem lugar a um mundo especial, alienado, em razão da problemática da dopamina em produção incorreta.

O desânimo, assim como uma certa debilidade, no entanto, já é um sinal de maior significado, que te convida à reação imediata, a fim de que te não acostumes com a sua incidência perigosa.

Vale, no entanto, considerar que esses estados anômalos do teu comportamento se derivam de perturbações espirituais, de Entidades interessadas na prática do mal, que te veem com inveja, despeito e desejam a tua falência moral. Podem ser adversários pessoais, desta ou de transatas existências, ou ferozes inimigos do progresso da Humanidade, algumas outras tão perversas e enfermas que se atribuem poder lutar contra a obra de evangelização da Terra conforme os padrões do pensamento de Jesus no Seu Evangelho libertador.

Reflexionas que, talvez, não lhes dês campo psíquico e, no entanto, a ocorrência tem lugar.

Considera que a psicosfera do amado planeta não é das melhores, em razão da população que nele vive, a grande maioria aferrada ao primarismo das paixões em detrimento das elevadas emoções iluminativas.

Como existem pesadas cargas de pensamentos e de paixões afligentes que pairam no mundo, os Espíritos infelizes têm facilidade de piorar as condições vibratórias em que se movimentam, intoxicando-as mais com as suas aflições, seus interesses sórdidos, suas inclinações enfermiças, tornando escuras e densas as faixas nas quais se movimentam e também se encontram os seres humanos.

Considera o trânsito por um terreno pantanoso de matéria em decomposição, com vazante fétida e, por mais sejas elevado, não te poderás furtar aos odores nauseantes que dele exalam. Se permaneces por algum tempo, mesmo que seja na sua travessia, ficarás de alguma forma impregnado pela emanação morbífica...

Tesouros libertadores

Desse modo, no campo ainda doloroso das paisagens espirituais, mentais e morais da Terra, é inevitável que experimentes o exsudar dos seus elementos constitutivos.

Nada obstante, se subires ao monte da sublimação evangélica poderás respirar o oxigênio puro da Natureza em festa.

★

Desde que te luz a oportunidade possível para realizar o bem fazer, nunca te permitas permanecer nesse estado de sonolência espiritual, de hipnose de Entidades perversas, ociosas ou enfermas, que se te acercam com más intenções ou necessitadas de haurir as tuas energias a fim de beneficiar-se.

Se tiveres dificuldade em recuperar de momento o bem-estar, a satisfação da alegria de viver, busca o medicamento da prece e roga ao Senhor que te conceda proteção, que te envie um dos Seus embaixadores do Reino de Amor e de Paz, a fim de que consigas mudar as paisagens mental e emocional, a fim de recobrares a serenidade e o júbilo que são familiares aos teus sentimentos.

Não busques culpa no inconsciente, não revivas momentos desagradáveis e infelizes que já viveste, porque eles te entristecem, te assustam, em face das responsabilidades que hoje te caracterizam a jornada.

Todos carregam fardo pesado de culpas e de erros procedentes do ontem. O importante é identificá-los, saber das próprias fragilidades, redescobrir-se e avançar no rumo do futuro, no qual, a cada momento, desde agora, ressarcirás dívidas, renovarás atitudes para melhor, construirás futuras obras de amor, servirás ao próximo, em última hipótese, libertar-te-ás do mal que, teimosamente, deseja permanecer nas tuas paisagens emocionais.

Não sejas demasiadamente severo contigo próprio.

Como não é válido cultivar os pensamentos negativos e deprimentes, igualmente não é justo manter-te parado por acreditar falsamente que te faltam condições para servir à Verdade, em razão de te encontrares em estado deplorável.

Ninguém ergue um suntuoso palácio ou iluminada catedral, sem atingir a lama do subsolo até encontrar a pedra de sustentação sobre a qual deve ser erguido o glorioso edifício.

Também no subsolo do ser que és, existe lama a ser removida, porém, há também a pedra angular sobre a qual deves edificar o santuário de amor e de luz, enquanto há possibilidade e te encontras na jornada carnal.

Não te subestimes, pois, tampouco te sobrestimes, considerando-te inferior a qualquer outro ou superior ao teu irmão.

Descobre a tua posição, assume a tua condição e trabalha as condições, mínimas que sejam, a fim de as ampliares e de poderes tornar-te mensageiro do amor sem jaça, para adquirir a alegria de libertar-te das más inclinações.

Ninguém, que comece do alto, da pureza imaculada, exceção feita somente a Jesus, nosso Guia e Condutor.

★

Rejubila-te porque já te encontras a caminho da luz. Mesmo que ainda não conseguiste iluminação, já podes ver a luz mirífica do amor e cada vez que te equivoques, lamenta, corrige e dá mais um passo à frente até o momento em

Tesouros libertadores

que essa luz divina não se encontre fora, à tua espera, mas em ti mesmo, a irradiar-se em todas as direções.

Nos dias de Sol, mas sem claridade interior, abre-te à oração e ao Mestre que te espera pacientemente, sem queixa nem reclamação e a Sua claridade substituirá as sombras em que te encontres mergulhado, clareando-te interiormente.

29
BRILHE A TUA LUZ

Agora que despertaste para a Verdade e conheces os caminhos da autoiluminação, assim como a mensagem sublime do amor e do perdão, não te detenhas no silêncio, a guardá-los apenas para ti.

Sai a proclamar, quanto possível, a conquista que te inunda de bênçãos, e contribui em favor do mundo sofrido em que vives.

Há um grande silêncio em torno das lições sublimes da libertação da ignorância espiritual entre as criaturas.

Muitos daqueles que estão informados da realidade transcendental, porque ainda não se tornaram melhores, receiam falar a respeito do seu significado, por um excessivo pudor ou mesmo pelo receio de não serem bem compreendidos.

Se os médicos somente atendessem os pacientes quando se encontram saudáveis, muitos desencarnariam sem orientação nem socorro. Embora estejam com problemas, sabem como solucionar as dificuldades que afligem outros que se encontram sob os camartelos das enfermidades e os conduzem ao bem-estar, à saúde, enquanto igualmente se recuperam.

Se somente os operários ideais se dedicassem às construções de qualquer natureza, a poucos caberia a oportunidade de servir e de edificar.

Desse modo, embora com alguma carência no teu processo de autoiluminação, contribui em benefício de outros que se encontram em patamar menos elevado do que aquele em que te manténs e distende-lhes a mão generosa, a informação saudável que os arrancará da situação penosa e lhes permitirá ascender também no rumo da plenitude.

O ideal será que te encontres identificado e vivencies os ensinamentos de Jesus, nada obstante, enquanto operas a própria transformação, porque tens condições de cooperar com as demais criaturas que te cercam e se demoram no desconhecimento da vida libertadora.

Todos crescem moralmente com certa lentidão, em decorrência das heranças perversas do atavismo antropológico ou dos clamorosos enganos que se permitiram. No entanto, em razão da luz que clareia a consciência dispõem de instrumento valioso para a própria aquisição de paz.

O exercício do bem, no que diz respeito ao auxílio espiritual às pessoas que sofrem e agradecem qualquer contributo de bondade, representa valioso auxílio para serem superados os limites e desafios que defrontam.

Da mesma maneira como te alegraste com a Mensagem de Jesus desvestida dos atavios em que foi envolvida pela ignorância ou perversidade humana, outros espiam-te e admiram-te, sem coragem de pedir-te esclarecimentos.

Sê tu quem vai em ajuda ao irmão da retaguarda.

Fala-lhe do amor inefável do Mestre e da Sua misericórdia, que aguardam pela decisão de cada qual, a fim de manter-se vinculado à sua caridade.

Tesouros libertadores

Não te detenhas, pois, fazendo que brilhe a tua luz, a fim de que outros possam banhar-se na tua claridade, embora caminhem na escuridão.

★

Quem tem a ventura de conhecer Jesus, descobre os inefáveis recursos da felicidade, pois que consegue romper as amarras com o erro e trilhar com segurança as vias novas que se lhe abrem à frente.

Fala sobre o sermão da montanha e deixa-te extasiar sobre as esperanças que dele defluem.

Recorda a multidão esfaimada de paz e de conhecimentos que, após ouvir as bem-aventuranças desceu do morro e modificou totalmente as suas existências, e se propôs a alterar o destino da Humanidade para sempre.

Repete aos ouvidos desatentos por falta do hábito de ouvir e captar as belezas do Evangelho, a magia da palavra do Mestre e as Suas promessas que se estão cumprindo no Espiritismo, na condição de o *Consolador* que Ele houvera prometido.

Narra as lições inolvidáveis das parábolas com a riqueza dos seus conteúdos, a fim de que os sofredores encontrem orientação firme para desenovelar-se dos cipós que as asfixiam, mantendo-as aprisionadas aos vícios.

Evoca a cena da mulher surpreendida em adultério e a compaixão d'Ele para com a criatura infeliz, sem a condenar, mas também sem anuir com a sua insensatez, concedendo-lhe oportunidade de não mais repetir o lamentável equívoco.

Busca melhor orientação para as vidas estioladas em a narrativa do *filho pródigo*, dissipador e inconsequente que, após todas as infâmias, o abandono do genitor e dos deveres, preferiu o prazer vergonhoso, e que, ao sentir-se profundamente infeliz entre os suínos de que cuidava, recordou-se do pai querido e bondoso, encorajou-se a retornar ao lar, a fim de tornar-se servo, já que se não considerava digno de ser tratado como filho e foi recebido com júbilo. Amplia o comentário, explica o ciúme do irmão que ficara fiel junto ao idoso, que reclamou e ouviu da serenidade do ancião a resposta de que ele não tinha razões justificáveis para proceder dessa forma, porque tudo quanto *pertencia à família era dele*, mas o seu *irmão que estava morto, agora vivia*, portanto, com direito a uma nova oportunidade, a fim de reabilitar-se.

Avança pelas trilhas inolvidáveis da mensagem *do bom samaritano*, e demonstra como o amor é amplo, sem distinção de classe, de condições, de ódios e rancores, sendo o *hálito de Deus*, que sustenta todas as criaturas.

Vai mais além e recorda a *mulher samaritana*, cuja vida Ele desnuda com ternura e gentileza, convoca-a para o Reino dos Céus e demonstra que o Pai não deve ser adorado no Templo em Jerusalém, nem no monte Garazim, conforme o faziam judeus e os filhos da Samaria, mas sim, no sublime altar do coração.

Quantas lições de incomparável sabedoria já possuis na mente e podes divulgar aos demais corações angustiados!

Lentamente despertarás para a vivência dos ensinamentos que fluem dos teus lábios e conseguirás vivê-los, transmiti-los com exemplos nobres, felicitar-te e a todos que se te acerquem ao oferecer-lhes vida, mas, vida em abundância.

★

Tesouros libertadores

O Evangelho é tesouro que não pode ficar oculto, desconhecido.

Há dores inumeráveis que o necessitam e que, ao tomarem conhecimento da sua extraordinária psicoterapêutica, serão renovados e livres dos males de que se constituem.

Tem em mente que Jesus, mandou que alguns dos Seus discípulos fossem pelos caminhos, dois a dois, e anunciassem a hora nova, com poderes superiores aos que já possuíam.

(...) E eles foram.

Agora é a tua vez.

Brilhe a tua luz, a fim de que a treva desapareça do mundo.

30
O FENÔMENO DA MORTE

Presente e constante na existência humana, o fenômeno da morte constitui uma fatalidade da qual ninguém se consegue eximir.

Ocorrendo a cada momento nas células, que também se renovam, ocasião chega em que a anóxia cerebral se encarrega de parar as funções do tronco encefálico, interrompendo a ocorrência biológica da vida física.

Todos os seres que nascem morrem, dando prosseguimento ao milagre da vida em outra dimensão, aquela de onde tudo procede.

O objetivo essencial da existência física, em consequência, é a construção e vivência dos valores éticos responsáveis pelo progresso incessante do Espírito até o momento em que alcança a plenitude.

Mesmo nos reinos vegetal e animal o processo de nascimento e morte obedece à planificação do desenvolvimento evolutivo da essência divina presente em tudo e em toda parte como fundamental manifestação da vida.

Desde quando criado o ser, o deotropismo o atrai com força dinâmica inescapável...

Ao atingir a fase do instinto, desenham-se-lhe no psiquismo pelas experiências os pródromos da razão, passo gigantesco no rumo da angelitude.

Fixar os valores que dignificam e elevam, que o libertam das heranças grosseiras da fase antropológica primitiva, torna-se-lhe, portanto, imposição inevitável que o arrasta no rumo da ascese que lhe constitui meta a ser conquistada.

Passo a passo, experiência após vivência, a ânsia de alcançar a paz e a sabedoria, estimula-o ao prosseguimento, mesmo quando sob ações penosas do sofrimento decorrente da desatenção e da rebeldia ante as leis que regem o Universo.

Parte integrante do Cosmo, essa unidade minúscula que é o ser humano, à semelhança de uma micropartícula que forma a unidade atômica, deve manter a sua constância sob o comando da consciência lúcida que reflete o estágio em que se encontra.

As ocorrências desastrosas por falta de discernimento, por teimosia dos instintos agressivos, retardam-lhe a marcha, sem dúvida, porém, não impedem que ocorram novas oportunidades vigorosas em provações ou expiações pungitivas que se encarregam de corrigir as anfractuosidades morais e os desvios comportamentais, impondo a conduta correta como solução adequada para o equilíbrio e o bem-estar.

Viver é automático, porém, bem viver, selecionando as questões que promovem os sentimentos e a inteligência a níveis mais elevados, para a conquista da sabedoria, deve ser o objetivo de máxima importância para todo viajante na indumentária carnal.

★

Tesouros libertadores

Sócrates, totalmente lúcido e decidido a demonstrar a sua grandeza moral em fidelidade a tudo quanto ensinou e viveu, recebeu a morte como um grande bem.

Instado por Críton a fugir, já que este houvera organizado um plano audacioso com os seus demais amigos, Sócrates surpreendeu-se e o repreendeu, demonstrando que as leis, mesmo quando injustas, devem ser obedecidas, de modo que a sociedade aprenda a estabelecer códigos de nobreza.

Caso fugisse, demonstrava que era realmente o que dele diziam os inimigos, especialmente aqueles que o levaram ao tribunal com infâmias grosseiras.

E sofismando a respeito da existência, qual fizeram antes os juízes, anuiu com tranquilidade com a sentença infame, demonstrando que a existência física é uma experiência de iluminação e não uma pousada para o prazer infinito.

Buda, de igual maneira, despedindo-se dos discípulos que aguardavam mais informações, a fim de darem continuidade à divulgação dos seus pensamentos, informou que lhes legava o *Dharma* – a ordem universal imutável – e, serenamente, abandonado por muitos que antes o assistiam, silenciou a voz e retornou à pátria da imortalidade.

Jesus é o exemplo máximo, porque no auge dos sofrimentos pôde pronunciar frases que assinalariam com vigor a Sua despedida, desde o perdão aos crucificadores "que não sabiam o que estavam fazendo", até entregar a mãezinha aos cuidados do *discípulo amado* e o mesmo ao seu carinho, rompendo os laços da consanguinidade terrestre em favor da fraternidade universal.

Foi mais além, dialogando com o ladrão que Lhe suplicava ajuda, e socorrendo-o com a resposta da esperança sublime da sua entrada no Reino dos Céus, assim que se desvencilhasse das asperezas dos erros e cumprisse tudo para quanto viera, num inolvidável silêncio após o "tudo consumado".

Logo mais, porém, retornou em júbilo na madrugada esplendente de Sol e de beleza, confirmando a imortalidade e o triunfo da vida à contingência material, de modo que os amigos e quantos outros O viram, pudessem superar a injunção corpórea e voar nos rumos do Infinito.

Francisco de Assis, sofrido pela ingratidão de alguns dos melhores companheiros, ferido e maltratado, sem forças nem resistências orgânicas, exauriu-se lentamente, cantando sempre até o último hausto, a ponto de ser censurado por tanta alegria...

Todos aqueles que descobriram a imortalidade enfrentaram o fenômeno da consumpção dos tecidos orgânicos com estoicismo e naturalidade, alegrando-se com o término da tarefa terrestre abraçada, de modo a retornarem vitoriosos ao Grande Lar de onde partiram no rumo do planeta terrestre.

Reflexiona diariamente a respeito da tua partida em direção à imortalidade, preparando-te, a fim de que não te fixes em interesses mesquinhos retentivos da retaguarda material.

Treina o pensamento em considerações constantes em torno da desencarnação, porquanto ela chegará, talvez, quando menos a esperes.

Tesouros libertadores

Se tiveres a felicidade de enfermar por longo prazo, diluindo os liames retentivos do corpo físico, isso será uma bênção.

Mas se fores convocado repentinamente, deixa-te conduzir com alegria, certo de que viverás.

Nada obstante, prepara-te conscientemente para enfrentar esse fenômeno terminal, agradecido ao corpo que te vem servindo de instrumento para a evolução e a tudo quanto te ocorre na atual conjuntura evolutiva.

ANOTAÇÕES

ANOTAÇÕES

Este livro foi impresso na
LIS GRÁFICA E EDITORA LTDA.
Rua Felicio Antônio Alves, 370 – Bonsucesso
CEP 07175-450 – Guarulhos – SP
Fone: (11) 3382-0777 – Fax: (11) 3382-0778
lisgrafica@lisgrafica.com.br – www.lisgrafica.com.br